IL LIBRO DEI

Pot Pourri

Penny Black

IL LIBRO DEI

Pot Pourri

Miscele di fiori per profumare e decorare la casa

Fotografie di Geoff Dann

SERIE**GÖRLICH**
ISTITUTO GEOGRAFICO DE AGOSTINI

A Bob

Avviso importante

*Le ricette contenute in questo libro sono basate su erbe e
fiori secchi nonché altri ingredienti che, se mescolati
in modo appropriato, sono del tutto innocui.
Tuttavia alcuni di tali elementi possono provocare una
reazione allergica in determinati individui; pertanto si consiglia
una ragionevole cautela nella preparazione dei pot pourri.*

Titolo originale dell'opera
The Book of Pot Pourri

Traduzione
Luisa Cavallito

Revisione
Maria Teresa Della Beffa

Edizione italiana a cura di
Editris s.n.c., Torino

Catalogo 58358
ISBN 88-402-0809-7

Stampa: A. Mondadori Editore, Verona, 1990

* Sommario *

* *Introduzione* *

Nel corso della mia infanzia, trascorsa nella campagna inglese, sono stata costantemente affascinata e deliziata dal profumo dei fiori selvatici, nonché, naturalmente, delle rose antiche profumate, degli altri fiori e delle erbe che crescevano intorno al nostro piccolo cottage dal tetto di paglia. Non riuscivo a passare accanto all'abrotano senza staccarne una fogliolina, né resistevo alla melissa e alla menta; accanto al mio letto, inoltre, venivano posti barattoli ricolmi di rose selvatiche appassite. Tutti i miei ricordi di infanzia sono associati ai profumi delicati del nostro giardino e a quelli delle siepi, dei prati e dei boschi circostanti. Tuttavia, nessuno mi aveva mai parlato dei pot pourri: non conobbi la loro esistenza finché non visitai il Museo Americano a Claverton Manor, nei pressi di Bath (Inghilterra). Le bellissime ciotole di pot pourri esposte nel museo mi svelarono un mondo nuovo e suscitarono in me un interesse straordinario che avrebbe mutato il corso della mia vita.

L'antica arte della profumeria

Probabilmente il profumo ha sempre esercitato un grande fascino sull'umanità: i nostri lontani progenitori amavano bruciare legna profumata e, di fatto, la parola 'profumo' deriva chiaramente da 'fumo'. Gli Egizi ci hanno lasciato le testimonianze più antiche relative all'arte della profumeria: oli dolcemente profumati preparati con fiori, erbe e spezie, rivestivano un ruolo importante nella vita di tutti i giorni. Si impiegavano tali oli per propiziare gli dei, profumare l'aria, ungere il corpo e per imbalsamare i defunti.

Si bruciavano resine profumate, incenso, mirra e altre sostanze aromatiche in offerta agli dei; alcuni dei meravigliosi vasi di alabastro rinvenuti nella tomba di Tutankhamon, dove erano stati seppelliti insieme al giovane faraone oltre 3000 anni orsono, contenevano unguenti ancora profumati.

I Greci, e quindi i Romani, appresero dagli Egizi i piaceri raffinati del profumo. È interessante notare che la maggior parte dei profumieri greci erano donne, benché sia stato un uomo, il naturalista Teofrasto di Ereso (IV secolo a.C.), ad annotare per primo gli ingredienti impiegati in profumeria. Molti di questi possono essere ancora utilizzati nei pot pourri che si preparano al giorno d'oggi: rose, garofani (nel cui profumo si distingue anche l'aroma di chiodo di garofano), bergamotto, timo, mirto, maggiorana, radice di giglio fiorentino, cannella e cardamomo per non citarne che alcuni. Trattando di profumi, Plinio, il naturalista dell'antica Roma, ricorda la consuetudine di colorarli con la tintura rossa di alkanna, una delle mie specie preferite, i cui fiorellini blu fanno capolino dai cantucci più nascosti del giardino del mio cottage.

L'impiego crescente di vegetali profumati

Dopo la caduta dell'impero romano l'impiego del profumo nel mondo occidentale sopravvisse solo nell'ambito delle celebrazioni religiose da parte della Chiesa cristiana. Gli Arabi, tuttavia, proseguirono le loro ricerche scientifiche relative alle piante aromatiche e perfezionarono l'arte della distillazione, vale a dire della separazione degli oli essenziali dagli elementi vegetali (vedere pag. 122). Tale tecnica rivoluzionò l'arte della profumeria, poiché il profumo concentrato di un olio essenziale riveste un ruolo centrale nella creazione dell'aroma di base di una

Bilancia profumata
Questo grazioso pot pourri di erbe decorato con anemoni, fiori di edera e potentille gialle, sistemato nel piatto di un'antica bilancia appesa alla finestra della cucina, costituisce una straordinaria festa per gli occhi.

fragranza mista. L'olio essenziale più importante si distilla dai petali della profumatissima rosa damascena ed è conosciuto come essenza di rose; al giorno d'oggi chiunque può coltivare le rose damascene e utilizzarne i petali per preparare i propri pot pourri.

Durante il Medioevo la coltivazione di erbe e piante aromatiche era di pertinenza esclusiva dei monasteri; esse, di fatto, rappresentavano le uniche risorse curative disponibili. Già nel XVI secolo, tuttavia, le massaie avevano a disposizione una quantità vastissima di sostanze profumate, introdotte in Europa dal Levante grazie ai Crociati. Molte grandi case dell'epoca erano dotate di una dispensa, una stanzetta separata dalla cucina, in cui si teneva una stufa accesa in permanenza: al suo calore le donne di casa essiccavano e conservavano le piante aromatiche del giardino e quelle di importazione. Era nella dispensa che la padrona di casa, o una serva, produceva i preparati che dovevano mantenere sana e pulita tutta la famiglia, nonché profumare gradevolmente la casa e gli indumenti. Essa spargeva sui pavimenti umidi e stantii erbe secche quali enula campana, cala-

Catino di rose
Grazioso catino di porcellana ricolmo fino all'orlo di opulente rose rosse e rosa, lavanda, erbe miste e bastoncini di cannella. Di concezione tradizionale, questo 'catino di rose' profuma una stanza anche di grandi dimensioni.

mo aromatico e lauro; preparava saponi e prodotti di pulizia; macinava polveri aromatiche e ne riempiva sacchetti destinati a profumare la biancheria; preparava cordiali, tinture e unguenti in base a ricette tramandate di madre in figlia: la salute della famiglia dipendeva di fatto dall'abilità della padrona di casa nel dispensare tali rimedi a base di erbe. Nel delizioso libro di Mary Doggett intitolato *Her Book of Recipes* ('Il libro di ricette della donna'), risalente al XVII secolo, si trovano ancora alcune di tali vecchie ricette.

Lo sviluppo dei pot pourri

Benché già nel XVI secolo si profumassero le case con mescolanze di fiori, erbe e spezie, l'espressione 'pot pourri', non divenne di uso comune che verso la metà del XVIII secolo. In origine 'pot pourri' era un termine culinario che stava a indicare una pentola piena di verdure miste e carne (in francese il significato letterale è 'pignatta fradicia'), mentre nel corso del XVIII secolo si cominciò ad utilizzare tale espressione per indicare una miscela di piante fragranti impiegate per profumare la casa. Poiché i petali di rosa costituivano l'ingrediente più importante, quasi costantemente utilizzato nelle prime ricette, si diffuse il termine 'catino di rose'; tuttavia si mescolavano spesso ai petali di rosa fiori di arancio profumati, e senza dubbio le padrone di casa provavano a utilizzare qualsiasi fiore secco che mantenesse la sua fragranza. Si aggiungevano inoltre spezie e fissativi di origine vegetale, come il muschio, o animale, come zibetto, ambra grigia e castoreo.

Il pot pourri tradizionale conteneva i seguenti cinque gruppi di ingredienti: fiori e petali profumati, o legni, radici e cortecce; erbe; spezie; fis-

Conchiglia di porcellana
Porcellana di epoca vittoriana ricolma di rose 'Tour de Malakoff', Rosa alba 'Celestial' e raffinati boccioli di roselline miste. Graziose infiorescenze verdi e tondeggianti di edera ed erbe miste dello stesso colore completano la gradevole mescolanza di gusto antico, il cui profumo lieve e dolce è accentuato dall'aggiunta di oli essenziali floreali.

sativi e oli essenziali. Al giorno d'oggi i componenti dei pot pourri non sono cambiati, benché si tenda ad utilizzare fissativi di origine vegetale anziché animale. La preparazione di un pot pourri non è assolutamente complicata; le proporzioni degli ingredienti in ogni ricetta, inoltre, possono variare grandemente a seconda dei materiali di cui si dispone.

Si può affermare con sicurezza che una predominanza di materiale del primo gruppo è sempre consigliabile, poiché da questo dipende la caratterizzazione generale della miscela. Si aggiungono anche molti fiori privi di profumo, per migliorare l'aspetto estetico della mescolanza, e per lo stesso motivo si utilizzano bacche, fette di frutti esotici essiccati e infruttescenze dai colori brillanti o dalle forme curiose; rispetto ai nostri antenati, inoltre, ricorriamo assai più diffusamente agli oli essenziali per arricchire le nostre miscele del profumo di nostra scelta.

Al giorno d'oggi si ha la tendenza ad introdurre nelle case aromi non floreali, come i profumi fruttati e quelli orientali, o le note più pastose dei balsami e del legno; in ogni caso la fragranza di un pot pourri dipende totalmente dal gusto personale. I moderni pot pourri, infatti, possono essere tradizionali, campagnoli, legnosi, muschiati, fruttati, fino ai profumi forti e maschili. Dal punto di vista estetico possono essere di colore uniforme, o molto decorativi, o appena garbatamente vistosi. Io non mi stanco mai di mescolare e annusare!

I pot pourri si possono disporre in modi diversi e l'elenco dei contenitori adatti è vastissimo: ciotole e piatti di ceramica, contenitori in vetro, coppe antiche in legno, grandi conchiglie, cestini, barattoli con coperchio, scatole. I pot pourri, inoltre, sono utilizzabili per profumare sacchetti, cusci-

Cestino campagnolo
Cestino rustico decorato con ramoscelli di fiori bianchi di anaphalis e ripieno di coni, rametti di conifere, trucioli di legno di sandalo, agrumi, lavanda e spezie diverse.

Piatto di porcellana
Pot pourri orientale; si tratta di una mescolanza di fette essiccate di kiwi, fragole e frutto a stella, combinate con scorza di agrumi, lavanda e fiori.

ni, contenitori per camicie da notte e fazzoletti, e vi si possono conservare le saponette, che in tal modo assorbono il profumo della mescolanza. È indicato conservare carta da lettera, cartoncini e carte per foderare i cassetti tra strati di pot pourri, in modo che si profumino; si possono inoltre preparare sacchetti per l'acqua del bagno con mescolanze sia di erbe sia di fiori, mentre palline di rete contenenti pot pourri arricchiscono la fragranza di mazzolini di fiori, cestini e ghirlande; con luppolo dalle proprietà calmanti e con lavanda si imbottiscono guanciali che favoriscono il sonno. I sacchetti di pot pourri si possono appendere negli armadi o agli attaccapanni, nascondere nei cassetti, sospendere alle maniglie delle porte o sistemare sugli scaffali, mentre sfere contenenti sostanze dall'aroma penetrante sono adatte ad essere disposte in cestini o appese.

Metodi di preparazione delle miscele

Esistono due metodi per la preparazione dei pot pourri: il metodo secco e il metodo umido. Il primo è di gran lunga più rapido e più semplice, ed è quello comunemente utilizzato; gli elementi vegetali essiccati si mescolano e si impiegano non appena gli ingredienti sono pronti e disponibili. La maggior parte dei pot pourri illustrati in questo testo si preparano con il metodo secco, che permette di elaborare un numero infinito di ricette. Il metodo umido, al contrario, richiede maggiore pazienza, poiché si devono trattare con sale naturale (e a volte persino con zucchero non raffinato e acquavite) petali e fiori profumati, parzialmente essiccati, prima di mescolarli con le erbe secche, le spezie, i fissativi e gli oli essenziali. Esteticamente un pot pourri umido non è attraente quanto un pot pourri secco, tuttavia la sua fragranza è straordinariamente penetrante; tradizionalmente lo si dispone in contenitori appositi, dotati di coperchio, che si possono aprire quando si desidera profumare una stanza.

Per la formulazione delle ricette suggerite in questo libro ho adattato mescolanze tradizionali e pot pourri che io stessa ho elaborato; tendenzialmente prediligo profumi alquanto ricchi, e di frequente utilizzo piccoli quantitativi di incenso, mirra e patchouli, nonché altri oli più delicati.

Una festa per gli occhi
Sulla tavola sono disposti: un vassoio in argento colmo di rose, piatti contenenti erbe gialle, una scatola di raffinati fiori di colore tenue, un grazioso pot pourri di fiori da matrimonio e un sontuoso piatto colmo di uno sgargiante pot pourri color pavone.

CAPITOLO PRIMO

Profumo in mostra

Questo capitolo contiene quaranta ricette dall'aspetto e dal profumo diversi: vi sono delle miscele vistose con profumo floreale; graziosi pot pourri erbacei all'aroma di limone o menta; mescolanze umide dalla fragranza straordinariamente penetrante; ciotole di sontuose rose damascene tradizionali e molte altre ricette allettanti. In ciascuna di esse si trovano cinque gruppi principali di ingredienti: fiori e petali profumati, erbe, spezie, fissativi e oli essenziali; ogni pot pourri contiene elementi appartenenti a ciascuno di tali gruppi. Le quantità indicate sono sufficienti a riempire una ciotola di misura media. I pot pourri si preparano in base a due diversi metodi: il metodo secco (vedere pag. 96) e il metodo umido (vedere pag. 98); la maggior parte delle ricette contenute in questo libro si preparano con il metodo secco, che è molto più semplice e permette di ottenere risultati esteticamente assai più interessanti. Tuttavia una mescolanza umida ben riuscita ha una fragranza incomparabile, e per tale motivo ho elencato alcune di tali ricette sotto il titolo 'Aromi inebrianti'.

* La ciotola di rose *

I bellissimi petali di rosa essiccati furono la base del primo pot pourri, molto decorativo, adatto a essere disposto in ciotole o piatti scoperti.

La bellezza e il profumo della rosa fresca e la fragranza dolce e sfuggente dei suoi fiori e petali essiccati affascinano da sempre uomini e donne: nessun fiore, infatti, è stato utilizzato quanto la rosa come ornamento e per il profumo. Di fatto, l'origine e lo sviluppo dei pot pourri sono dovuti largamente alla bellezza della rosa appassita, simile a pergamena, e al suo profumo dolce e persistente.

Benché le spezie, gli oli e i fissativi che si aggiungono al pot pourri 'ciotola di rose' ne modifichino il profumo, la fragranza di fondo è pur sempre quella delle rose profumate e disseccate. Le rose più intensamente profumate sono le damascene e le centifolie, ma si può essiccare e utilizzare nei pot pourri qualsiasi tipo di rosa. Per compensare l'eventuale scarsità di profumo dei fiori sarà sufficiente aggiungere alcune gocce di olio essenziale di rose, mentre per immettere variazioni di colore e per modificarne impercettibilmente la fragranza si mescoleranno alla 'ciotola di rose' altri fiori essiccati. Delle quattro ricette 'ciotola di rose' illustrate, il pot pourri di rose e fiori di giardino ha il profumo più delicato, benché mantenga ancora l'aroma dolce ed evocativo di una antica ricetta medioevale, mentre il pot pourri di rose e di gerani odorosi ha il profumo più penetrante; infine, il pot pourri ricco alla rosa è il più tradizionale dei quattro.

POT POURRI RICCO ALLA ROSA

1 litro di petali e fiori di rosa
50 g di cedronella (*Lippia citriodora*)
25 g di lavanda
2 cucchiaini di cannella in polvere
25 g di radice di giglio fiorentino in polvere
1/2 cucchiaino di chiodi di garofano interi
1/4 di baccello di vaniglia
5 gocce di olio essenziale di rosa
2 gocce di olio essenziale di lavanda
1 goccia di olio essenziale di patchouli
fiori e foglie di rosa come decorazione

Mescolanza tradizionale, consacrata dal tempo, del tipo 'ciotola di rose', dal profumo dolce di rosa, intenso ed evocativo.

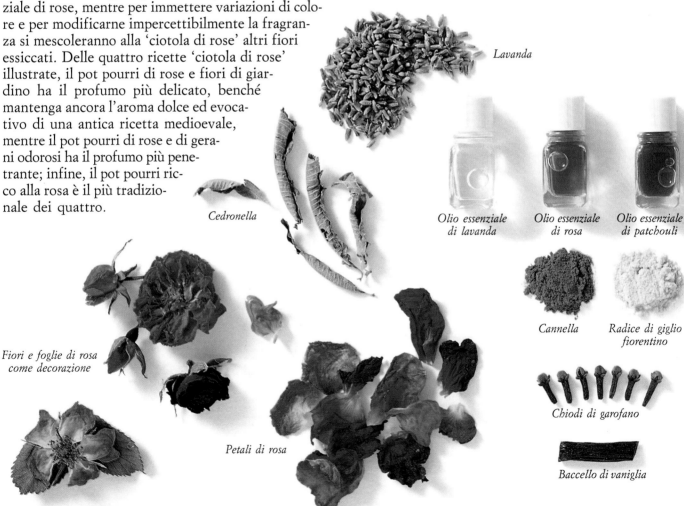

Lavanda

Cedronella

Olio essenziale di lavanda

Olio essenziale di rosa

Olio essenziale di patchouli

Cannella

Radice di giglio fiorentino

Chiodi di garofano

Fiori e foglie di rosa come decorazione

Petali di rosa

Baccello di vaniglia

POT POURRI DI ROSE E GERANI DALLE FOGLIE AROMATICHE

1 litro di petali e fiori di rosa
50 g di foglie aromatiche di geranio (*Pelargonium*)
25 g di rosmarino
25 g di radice di giglio fiorentino in polvere
1/2 cucchiaino di chiodi di garofano interi
1/2 cucchiaino di pimento macinato
1/2 cucchiaino di noce moscata grattugiata
3 gocce di olio essenziale di rose
1 goccia di olio essenziale di rosmarino
1 goccia di olio essenziale di geranio
fiori di rosa come decorazione

Tradizionale ricetta a base di rose, lievemente speziata e decorata con fiori di rosa; il profumo delle foglie di geranio e del rosmarino conferiscono intensità all'aroma complessivo.

POT POURRI DI ROSE E FIORI DI GIARDINO

500 ml di petali e fiori di rosa
500 ml di fiori misti di giardino
25 g di lavanda
50 g di erbe aromatiche miste
25 g di radice di giglio fiorentino in polvere
2 cucchiaini rasi di cannella in polvere
1/2 cucchiaino di chiodi di garofano interi
2 anici stellati
3 gocce di olio essenziale di rosa
2 gocce di olio essenziale di garofano
2 gocce di olio essenziale di limone

Accostamento di rose e altri fiori di giardino; si tratta di un pot pourri fresco e floreale dall'aroma più leggero rispetto alle mescolanze di sole rose.

POT POURRI DI ROSE E MENTA

1 litro di petali e fiori di rosa
25 g di foglie di menta
25 g di lavanda
25 g di radice di giglio fiorentino in polvere
1/2 cucchiaino di chiodi di garofano interi
1 cucchiaino di cannella in polvere
1/2 cucchiaino di macis triturato
3 gocce di olio essenziale di rosa
2 gocce di olio essenziale di palissandro
1 goccia di olio essenziale di limone

*Pot pourri dal dolce profumo di rosa arricchito da quello
rinfrescante di menta; quest'ultima ha un aroma
caratteristico che contrasta meravigliosamente con il
profumo delicato dei petali di rosa.*

* *Erbe aromatiche* *

Con le erbe aromatiche si possono preparare deliziose mescolanze semplici e rustiche,
dal profumo ora dolce e delicato, ora intenso e penetrante,
ideali per una cucina in legno e per il soggiorno di una casa di campagna.

I profumi di fiori diversi si confondono facilmente, tuttavia le fragranze delle erbe aromatiche si riconoscono immediatamente: chi mai potrebbe confondere la lavanda con il timo o il rosmarino con la menta? Persino chi non ha mai vissuto in campagna è in grado di distinguere le erbe aromatiche in base alla loro fragranza.

La maggior parte di esse trovano largo uso in cucina: i loro aromi infatti appagano tanto l'olfatto quanto il gusto.

Secoli orsono le erbe aromatiche venivano coltivate nei monasteri, poi vennero inserite nei giardini signorili; al giorno d'oggi molti le coltivano.

I primi pot pourri contenevano erbe aromatiche quali lavanda, rosmarino, erba bergamotto, timo, maggiorana, erba di san Pietro, melissa e menta; si può utilizzare qualsiasi erba aromatica, comprese quelle originarie delle regioni mediterranee di più recente introduzione. Aggiungete ai vostri pot pourri di erbe le specie che crescono nel vostro giardino o sul balcone.

Otterrete dei pot pourri gradevolmente aromatici utilizzando cedronella, melissa, timo, foglie di geranio odoroso e altre erbe aromatiche le cui foglie abbiano un profumo intenso e pungente di agrumi. Preparate delle mescolanze fresche e aromatizzate alla menta, dal sottofondo delicato e speziato, per rendere dolce l'atmosfera della vostra cucina. Aggiungete la lavanda a un pot pourri di erbe aromatiche per introdurre una nota fiorita, o il rosmarino, il cui profumo pungente conferisce vigore alla fragranza complessiva. Tutte le mescolanze di erbe aromatiche illustrate risaltano entro porcellane di fattura semplice e piatti di ceramica o di smalto; sono adatte al soggiorno o alla camera da letto di una casa di campagna.

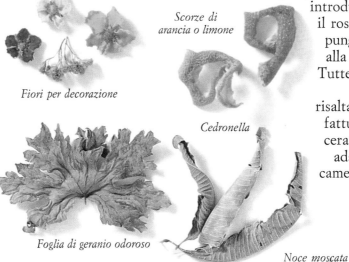

Fiori per decorazione

Scorze di arancia o limone

Cedronella

Foglia di geranio odoroso

Noce moscata

Baccelli di vaniglia

Rosmarino

Lavanda

Olmaria

Timo

Maggiorana

Abrotano

Chiodi di garofano

Cannella

Radice di giglio fiorentino

Olio essenziale di lavanda

Olio essenziale di limone

MISCELA AL LIMONE

500 ml di cedronella
500 ml misti di foglie di geranio odoroso,
timo, abrotano, fiori di olmaria
e maggiorana
50 g di rosmarino
25 g di radice di giglio fiorentino in polvere
2 cucchiaini di cannella in polvere
1/2 cucchiaino di noce moscata grattugiata
1/2 cucchiaino di chiodi di garofano interi
1/4 di baccello di vaniglia
25 g di lavanda
alcuni pezzi di scorza di limone e arancia
3 gocce di olio essenziale di limone
3 gocce di olio essenziale di lavanda
fiori gialli per decorazione

Mescolanza di erbe verdi aromatiche dal
profumo di limone.

MISCELA SEMPLICE DI ERBE AROMATICHE

1 litro di erbe aromatiche miste
25 g di lavanda
25 g di radice di giglio fiorentino in polvere
2 cucchiaini di cannella in polvere
1/2 cucchiaino di chiodi di garofano interi
3 gocce di olio essenziale di lavanda
3 gocce di olio essenziale di limone
fiori per decorazione

Pot pourri alle erbe aromatiche profumato alla lavanda e caratterizzato da una vaga fragranza di limone.

MISCELA SPEZIATA DI ERBE

1 litro misto di cedronella, menta citrata, foglie di enula campana, erba bergamotto e basilico
50 g di foglie di geranio odoroso
25 g di lavanda
25 g di radice di giglio fiorentino in polvere
2 cucchiaini di cannella in polvere
1/2 cucchiaino di pimento macinato
1/2 cucchiaino di noce moscata grattugiata
1/2 cucchiaino di semi di cumino
3 gocce di olio essenziale di bergamotto
3 gocce di olio essenziale di geranio
fiori per decorazione

Pot pourri di erbe ricco e aromatico, decorato in modo simmetrico.

MISCELA ALLA MENTA PIPERITA

500 ml di foglie di menta piperita
500 ml misti di menta citrata, timo, erba di san Pietro
e foglie di mirride
50 g di rosmarino
25 g di lavanda
25 g di radice di giglio fiorentino in polvere
1/2 cucchiaino di pimento macinato
1/2 cucchiaino di chiodi di garofano interi
1/2 cucchiaino di noce moscata grattugiata
2 frammenti di corteccia di cannella
2 gocce di olio essenziale di menta piperita
2 gocce di olio essenziale di basilico
1 goccia di olio essenziale di limone
fiori per decorazione

*Pot pourri attraente dall'aroma speziato di menta piperita,
in grado di mantenere la cucina deliziosamente
profumata di fresco.*

Mescolanze di fiori selvatici e di erbe

*I colori tenui e il profumo delicato caratterizzano
le graziose mescolanze di fiori selvatici e di erbe.*

Molti fiori selvatici esalano profumi intensi in contrasto con il loro aspetto poco appariscente; ad esempio l'erigeron che cresce inosservato nelle aiuole dal terreno gessoso e calcareo, ha foglie e radici che schiacciate producono una fragranza speziata, inaspettata in una pianta dall'aspetto così dimesso. Avanzate in mezzo ai cespugli di ginestra fioriti e il profumo di cocco dei fiori riempirà l'aria. La stellina odorosa e il meliloto sono del tutto privi di profumo durante la crescita, mentre se si raccoglie un mazzo di tali fiori da appendere a seccare si avverte un aroma intenso di cumarina. Erbe poco vistose quali la maggiorana, la mentuccia e il timo contengono oli essenziali assai intensi nelle foglie. Si può passare accanto a un'aiuola di mentastro selvatico senza notarlo, a meno che non se ne pestino inavvertitamente le foglie, nel qual caso si diffonde una dolce fragranza di menta. Germogli di betulla, licheni come l'*Evernia prunastri*, edera terrestre e fragole selvatiche non sono che alcune delle imprevedibili piante aromatiche che crescono intorno a noi. La maggior parte dei pot pourri di fiori selvatici sono mescolanze semplici e dal profumo delicato, le cui tenere fragranze riflettono le tonalità tenui dei fiori.

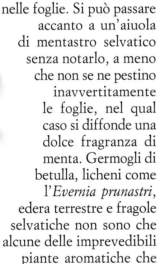

Fiori per decorazione

Fiori selvatici misti

Le miscele illustrate in queste pagine comprendono fiori selvatici comuni; poiché alcuni di essi non si possono raccogliere in quanto protetti (vedere pag. 123), è consigliabile cercare di coltivarli. Se ciò non è possibile, sarà buona regola non cogliere mai un fiore che cresce isolato. Mirride, marrubio, enula campana, erigeron, olmaria e *Geum urbanum* sono tutte coltivabili in giardino per la raccolta delle radici. Analogamente si possono piantare fiori selvatici profumati come caprifoglio, campanule, violette, biancospino, enotera e vaniglia d'inverno (*Petasites fragrans*), a fianco delle primule comuni e delle primule odorose.

POT POURRI DI FIORI MISTI

1 litro di fiori selvatici misti (esclusi i velenosi o di odore acre)
50 g misti di aghi di pino, maggiorana, foglie di mirride e di olmaria
25 g di lavanda
1/2 cucchiaino di bacche di ginepro
25 g di *Evernia prunastri*
2 frammenti di macis triturati
25 g di radice di giglio fiorentino in polvere
2 cucchiaini di cannella in polvere
1/4 di baccello di vaniglia
2 gocce di olio essenziale di lavanda
4 gocce di olio essenziale di caprifoglio o di violetta
potentille rosa e gialle di giardino per decorazione

Delicato pot pourri dal profumo dolce.

Lavanda

Baccello di vaniglia

Bacche di ginepro

Evernia prunastri

Erbe aromatiche miste

Macis

Olio essenziale di lavanda

Olio essenziale di caprifolio

Cannella

Radice di giglio fiorentino

MISCELA DI MENTASTRO E ROSA EGLANTERIA

500 ml di foglie e fiori misti di *Rosa eglanteria*
500 ml di specie miste di mentastro
25 g di maggiorana
25 g di lavanda
25 g di radice di giglio fiorentino in polvere
1/2 cucchiaino di chiodi di garofano interi
1/2 cucchiaino di noce moscata grattugiata
2 cucchiaini di cannella in polvere
1 goccia di olio essenziale di lavanda
1 goccia di olio essenziale di menta piperita
3 gocce di olio essenziale di rosa
fiori per decorazione

*Mescolanza dal delizioso profumo di rosa e
dal vago aroma di menta.*

MISCELA DI FIORI DI ERICA E DI GINESTRA

1 litro di fiori misti di erica e di ginestra
50 g di *Evernia prunastri* (o lavanda)
25 g di radice di giglio fiorentino in polvere
2 cucchiaini di cannella in polvere
1/2 cucchiaino di chiodi di garofano triturati
3 semi di cardamomo schiacciati
2 gocce di olio essenziale di lavanda
2 gocce di olio essenziale di rosa
1 goccia di olio essenziale di mandorle amare
fiori per decorazione

Fragranza tradizionale floreale con un tocco di mandorla amara.

MISCELA ALLA STELLINA ODOROSA

1 litro di fiori misti, tra i quali tre o più dei seguenti:
caprifoglio, rosa spinosissima, ginestra, sambuco, mughetto,
viola mammola, erigeron ed erba di san Giovanni
50 g di stellina odorosa
50 g di meliloto (oppure altri 50 g di stellina odorosa)
25 g di erba di san Pietro
25 g di radice di giglio fiorentino in polvere
2 frammenti di macis triturati

1 fava tonka schiacciata
1/2 cucchiaino di noce moscata grattugiata
1/2 cucchiaino di pimento macinato
3 gocce di olio essenziale di rosa, violetta o mughetto
3 gocce di olio essenziale di lavanda
fiori per decorazione

*Pot pourri floreale intenso e lievemente muschiato; questa
mescolanza di gialli, rosa e verdi, risalta particolarmente
in una piccola ciotola di legno o in un semplice cestino di vimini.*

✳ *Fragranze tradizionali* ✳

*Miscele tradizionali basate su fiori, erbe, spezie e
fissativi utilizzati nel XVII e nel XVIII secolo
per le mescolanze preparate in casa.*

Nell'Europa del XVI secolo i profumieri e le donne avevano già a disposizione gomme, resine, oli, spezie e legni aromatici; i mercati specializzati offrivano in vendita una grande varietà di sostanze aromatiche di produzione locale e importate, le cui esotiche fragranze si diffondevano nell'aria. Nelle grandi case dotate di dispensa (vedere pag. 8) le donne coltivavano in giardino piante dalle foglie, radici e fiori profumati, e acquistavano dai venditori ambulanti le sostanze aromatiche provenienti dal Mediterraneo orientale e dall'Oriente; i fiori profumati più utilizzati erano garofani, caprifoglio, violette, giunchiglie, fior d'angelo e, naturalmente, le rose. Le antiche rose damascene e centifolie, che essiccate mantengono un profumo intenso, rivestono da sempre, come abbiamo già detto, un ruolo importante nella creazione dei pot pourri.

Per quanto alcune delle antiche ricette richiedano ingredienti ormai introvabili, si possono tuttavia preparare ancor oggi dei pot pourri simili a quelli di un tempo: mirra, scorze di agrumi essiccate ed incenso, allora largamente impiegati, sono ancora facilmente reperibili. Le mescolanze tradizionali risaltano bene su piatti di porcellana o entro eleganti barattoli da pot pourri dal coperchio perforato.

Fiori per decorazione

*Olio
essenziale di
legno di cedro*

*Olio
essenziale
di rosa*

*Olio
essenziale
di rosmarino*

Lavanda

Rosmarino

Maggiorana

POT POURRI DI ROSA
ED EVERNIA PRUNASTRI

1 litro misto di petali, boccioli e fiori di rosa
50 g di *Evernia prunastri*
25 g di rosmarino
25 g di lavanda
25 g di radice di giglio fiorentino in polvere
15 g di maggiorana
25 g di scagliette di legno di cedro
1/4 di baccello di vaniglia
2 gocce di olio essenziale di rosa
2 gocce di olio essenziale di legno di cedro
2 gocce di olio essenziale di rosmarino
fiori per decorazione

Mescolanza dal profumo intenso di rosa e di legno di cedro

*Evernia
prunastri*

*Petali, boccioli e
fiori di rosa*

Legno di cedro

*Baccello
di vaniglia*

Radice di giglio fiorentino

POT POURRI
DI FIORI MISTI DI GUSTO ANTICO

1 litro di fiori misti tra i quali: rose, caprifoglio, violette,
garofani, speronella, cedronella, fiordaliso
e violacciocca gialla
50 g di erbe aromatiche miste
25 g di lavanda
25 g di radice di giglio fiorentino in polvere
25 g di resina di benzoino finemente triturata
1/2 cucchiaino di chiodi di garofano interi
1/2 cucchiaino di pimento macinato
1/2 bastoncino di cannella
2 gocce di essenza di rosa
2 gocce di olio essenziale di garofano
1 goccia di olio essenziale di limone
1 goccia di incenso
fiori per decorazione

*Mescolanza di fiori profumati e di erbe aromatiche
che conferisce una fragranza intensa e floreale
a questo pot pourri di gusto antico.*

POT POURRI DI ERBE E DI BOCCIOLI DI ROSA

500 ml di petali e boccioli di rosa
500 ml misti di erba bergamotto, foglie di mirride,
maggiorana, cedronella, foglie di alloro e foglie di angelica
25 g di lavanda
25 g di radice di giglio fiorentino in polvere
2 cucchiaini di cannella in polvere
1/2 cucchiaino di semi di angelica
1/2 cucchiaino di chiodi di garofano interi
1/2 cucchiaino di macis triturato
1/2 cucchiaino di noce moscata grattugiata
3 gocce di olio essenziale di rosa
2 gocce di olio essenziale di bergamotto
1 goccia di incenso
fiori per decorazione

Le erbe e i petali di rosa, uniti a un tocco di incenso,
rendono questo pot pourri intensamente aromatico.

POT POURRI ROMANTICO

500 ml misti di elementi profumati di colore rosa, malva
o crema, da scegliere tra i seguenti: boccioli di rosa,
violette, garofani, fiori di camomilla ed eliotropio
500 ml misti di timo, rosmarino, mirto,
foglie di mirride e di erba bergamotto
25 g di lavanda
25 g di radice di giglio fiorentino in polvere
25 g di resina di benzoino finemente triturata
1/2 bastoncino di cannella
1/2 cucchiaino di chiodi di garofano interi
1/2 cucchiaino di pimento macinato
2 gocce di olio essenziale di rosa
2 gocce di olio essenziale di lavanda
2 gocce di olio essenziale di limone
fiori di colore rosa e malva per decorazione

Interessante pot pourri ottocentesco di gusto romantico
dal profumo dolce dei fiori vecchio stile.

✳ *Profumi di stagione* ✳

Benché i pot pourri si possano preparare tutto l'anno, se si scelgono elementi vegetali tipici di ogni stagione e con questi si creano quattro diverse miscele, ciascuna di esse avrà un aspetto e un aroma caratteristico.

Gli elementi che costituiscono il pot pourri richiamano alla mente la stagione nella quale i fiori sono stati raccolti; una voluttuosa mescolanza invernale avrà aspetto e profumo diversi rispetto ad un sontuoso pot pourri estivo, mentre una delicata mescolanza primaverile contrasterà vivamente con una autunnale, decisamente sgargiante.

I giardini invernali contengono una gamma sorprendente di elementi profumati assai interessanti: foglie sempreverdi aromatiche; fiori profumati di dafne, vaniglia d'inverno e biancospino acquatico (*Aponogeton distachyus*), alcune erbe aromatiche, quali rosmarino e timo, e infine legni profumati come il pino.

La primavera non presenta problemi per il raccoglitore di fiori, poiché molte delle specie precoci sono profumate; le giunchiglie, e in particolare la varietà 'Soleil d'Or', emanano un profumo straordinario. La maggior parte dei fiori che sbocciano in questo periodo dell'anno hanno una fragranza dolce e delicata, che caratterizza i pot pourri primaverili.

Le mescolanze estive sono multiformi e vigorose come i fiori di tale stagione; è questo il periodo favorevole alle sperimentazioni: mescolate colori, strutture, forme e profumi, e provate ad accostare rose dal profumo dolce come il miele, speronelle blu e rosa, fiordalisi blu, erba bergamotto e ombrelle verdi di angelica.

L'autunno richiede maggiore inventiva; impiegate i fiori di fine estate con quelli prettamente autunnali e utilizzate le bacche (evitando quelle velenose): esse arricchiranno di interesse e varietà i colori fiammeggianti tipici di tale stagione.

Per il migliore effetto scegliete un contenitore intonato al carattere di ciascuna miscela stagionale.

Olio essenziale di palissandro

Olio essenziale di bergamotto

Olio essenziale di lavanda

Bacche e frutti misti

Lavanda

Radice di giglio fiorentino

Cumino

Anice stellato

Cannella

Erbe aromatiche miste

Fiori autunnali misti

POT POURRI AUTUNNALE

1 litro di fiori autunnali misti nelle tonalità rosa, arancione, giallo e rosso
50 g misti di maggiorana, foglie di enula campana, foglie e fiori di erba bergamotto
50 g di lavanda
1 bastoncino di cannella
1 anice stellato
25 g di radice di giglio fiorentino in polvere
1 cucchiaino di semi di cumino
50 g misti di frutti di sorbo, amenti fruttiferi di ontano, cinorrodi di *Rosa moyesii* e di *Rosa rugosa*
2 gocce di olio essenziale di lavanda
2 gocce di olio essenziale di palissandro
2 gocce di olio essenziale di bergamotto

Mescolanza straordinaria dalla fragranza dolce e intensa.

POT POURRI INVERNALE

1 litro di amenti fruttiferi di ontano, coni e aghi di pino,
ramoscelli di ginepro e fronde profumate di altre conifere
50 g misti di foglie sempreverdi aromatiche, tra le quali:
mirto, alloro, eucalipto e bosso
25 g di resina di benzoino finemente triturata
25 g di lavanda
2 cucchiaini di cannella in polvere
1/2 cucchiaino di chiodi di garofano interi
1/2 baccello di vaniglia
2 gocce di olio essenziale di lavanda
2 gocce di olio essenziale di pino
2 gocce di olio essenziale di limone
anemoni 'De Caen' per decorazione
N.B. I coni di pino si possono rendere ulteriormente
aromatici spennellandone la parte centrale
con olio essenziale di pino.

Pot pourri dall'aroma speziato e penetrante; i rossi e blu
voluttuosi degli anemoni 'De Caen' esaltano straordinariamente
le tonalità brune e verdi di questa miscela
intensamente profumata.

POT POURRI PRIMAVERILE

1 litro di fiori misti, tra i quali quattro dei seguenti:
giunchiglie, giacinti, muscari, campanule, violette,
mughetti, violacciocche gialle e lillà
50 g di erbe miste, tra le quali: mirica, alloro sbriciolato
ed eucalipto sminuzzato
25 g di lavanda
25 g di radice di giglio fiorentino in polvere
2 cucchiaini di cannella in polvere
1/2 cucchiaino di coriandolo
4 gocce di olio essenziale di giunchiglia
2 gocce di olio essenziale di lavanda
fiori per decorazione

Pot pourri fresco e floreale.

POT POURRI ESTIVO

1 litro di fiori estivi misti
50 g misti di abrotano e menta
25 g di lavanda
25 g di resina di benzoino finemente triturata
2 cucchiaini di cannella in polvere
1/2 cucchiaino di pimento macinato
1 cucchiaino di semi di mirride (facoltativi)
1 cucchiaino di semi di angelica (facoltativi)
2 gocce di olio essenziale di rosa
2 gocce di olio essenziale di garofano
2 gocce di olio essenziale di lavanda
fiori per decorazione

Mescolanza ricca di colori grazie alla profusione di fiori estivi.

✳ *Fascino dei giardini di campagna* ✳

Mescolando con grazia i fiori dei giardini di campagna si possono creare pot pourri raffinati e delicati. Coltivate per motivi diversi, queste piante ricche di fascino ci svelano storie interessanti.

Primule odorose, caprifoglio, rose centifolie, calendule, mughetti, garofani e primule: non sono che alcuni dei fiori profumati coltivati nei tradizionali giardini delle case di campagna. Se a questi si aggiungono le rose rampicanti e il gelsomino, che rivestono i muri delle case e si arrampicano sulle cancellate, nonché le erbe aromatiche come timo, maggiorana, rosmarino, lavanda, menta, stellina odorosa ed enula campana, si comincerà ad apprezzare l'enorme varietà e l'intensità dei profumi che abbondano nel tipico giardino di campagna. Alcune di tali piante, presenti allo stato spontaneo, vennero trapiantate nei giardini per essere utilizzate a scopo medicinale; altre per esaltare l'aroma dei cibi,

molte di esse, infine, per profumare la casa, la biancheria e la persona. Alcune piante profumate, come gerani e gelsomini, vengono coltivate anche all'interno delle case, sui davanzali delle finestre.

Gli ingredienti di un pot pourri preparato con i fiori del giardino dipendono dalle varietà disponibili al momento; si possono effettuare esperimenti con mescolanze diverse di fiori, foglie e radici fino a scoprire combinazioni soddisfacenti di colore e profumo. Si disporranno i pot pourri in ciotole poco vistose, su piatti di porcellana cinese, entro barattoli e contenitori con coperchio. Il catino di un antico lavabo, una pentola in rame o un umile portasapone ricolmi di fiori sono altrettanto graziosi.

MISCELA DI FIORI DI GIARDINO DI CAMPAGNA

500 ml di fiori misti di giardino
500 ml misti di abrotano, melissa, rosmarino e foglie di enula campana
25 g di lavanda
25 g di foglie di alloro sminuzzate
la scorza di un'arancia
50 g di radice di giglio fiorentino in polvere
2 cucchiaini di cannella in polvere
1/2 cucchiaino di chiodi di garofano triturati
1/2 cucchiaino di pimento macinato
6 gocce di olio essenziale di uno dei seguenti fiori: mughetto, caprifoglio, rosa, gelsomino, eliotropio, violetta; oppure 6 gocce di olio essenziale di fiori di campagna misti fiori per decorazione

Pot pourri lieve e dal dolce profumo, ottenuto mescolando graziosi fiori un po' antiquati ed erbe aromatiche.

Lavanda

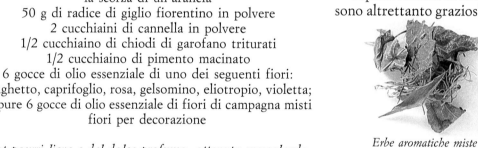
Fiori di giardino di campagna e foglie di rosa

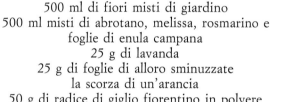
Erbe aromatiche miste

Scorza di arancia

Pimento

Radice di giglio fiorentino

Foglia di alloro

Olio essenziale di fiori di campagna

Cannella

Chiodi di garofano

MISCELA DI CALENDULA, LIMONE E MENTA

500 ml di fiori misti di calendula e camomilla
500 ml misti di melissa e menta
50 g di lavanda
25 g di rosmarino
25 g di radice di giglio fiorentino in polvere
1/2 bastoncino di cannella
1 striscia di scorza di limone
1/2 cucchiaino di chiodi di garofano interi
1/2 cucchiaino di noce moscata grattugiata
3 gocce di olio essenziale di geranio
2 gocce di olio essenziale di limone
1 goccia di olio essenziale di menta piperita
fiori per decorazione (anafalide e speronella) e
foglie di prezzemolo

*Pot pourri dal profumo fresco e penetrante, reso
particolarmente brillante dal colore arancione
intenso dei fiori di calendula.*

POT POURRI DI RADICI FRAGRANTI

500 ml di frammenti di radici miste di almeno tre fra
le seguenti specie: geranio, rodiola rosea, angelica,
enula campana, calamo aromatico, mirride e garofanaia
25 g di lavanda
25 g di radice di giglio fiorentino in polvere
1/2 cucchiaino di chiodi di garofano interi
1/2 cucchiaino di pimento macinato
2 frammenti di macis triturato
25 g di scagliette di quassia
la scorza di una limetta
4 gocce di olio essenziale di rosa
2 gocce di olio essenziale di sandalo
infiorescenze di fior d'angelo per decorazione

*Pot pourri di stile insolito dal profumo raffinato e
muschiato e di aspetto caratteristico.*

MISCELA DI ERBE E LAVANDA

1 litro misto di stellina odorosa,
rosmarino, erba bergamotto
e foglie di enula campana
75 g di lavanda
25 g di radice di giglio fiorentino in polvere
1/2 bastoncino di cannella
1/2 cucchiaino di chiodi di garofano macinati
1/2 cucchiaino di noce moscata grattugiata
3 gocce di olio essenziale di lavanda
3 gocce di olio essenziale di bergamotto
fiori per decorazione

*Pot pourri soffice e dolcemente profumato,
assai adatto a essere disposto in un cestino rustico poco vistoso.*

✳ *Accostamenti ricchi di colore* ✳

*Con i fiori impiegati nei pot pourri si possono creare
tappezzerie floreali raffinate, per quanto limitata
sia la gamma di colori disponibili.*

I pot pourri creati utilizzando fiori in varie tonalità dello stesso colore possono risultare assai graziosi e interessanti, poiché i petali, benché di colore simile, variano notevolmente quanto a forma e consistenza. I petali, infatti, possono richiamare alla mente la ciniglia, il velluto, il crespo o il raso; le piccole ombrelle di fiori essiccate assumono l'aspetto di un pizzo intricato, mentre pannocchie di fiorellini e boccioli rimpiccioliscono fino a sembrare raffinati punti a nodo. I fiori secchi disposti tra le foglie di erba assumono l'apparenza tattile di ricchi ricami. Le tonalità blu e porpora, rosa e malva, bianche e crema e infine gialle e arancione dei vari pot pourri illustrati nelle tre pagine seguenti non sono che alcuni degli accostamenti di colori possibili. Petali di rosa, di colore bruno rossiccio intenso e rosso brillante, mescolati a potentille e gerani scarlatti, licnidi rosse, petali di tulipano e fucsie cremisi costituiscono un altro straordinario abbinamento. Le mescolanze di fiori verdi, inoltre, hanno un aspetto insolito e raffinato. Si possono così accostare i calici verdi di *Nicotiana langsdorfii*, le campane profumate di tellime dello stesso colore, l'*Helleborus corsicus* e l'*H. lividus*, le rose verdi fragranti ed eventualmente alcuni fiori verdi tratti da un'infiorescenza di ortensia appassita, ottenendo risultati insoliti.

I fiori blu sono più rari di quelli porpora, mentre quelli gialli e arancione sono assai diffusi; i fiori bianchi sono più comuni di quanto si possa presumere e c'è un'abbondanza di fiori rossi, rosa e malva. Tra tutti i fiori utilizzabili nei pot pourri la speronella (*Delphinium* sp.) ha la gamma più vasta di tonalità; inoltre mantiene bene il colore una volta essiccata.

I pot pourri possono essere disposti in ogni tipo di contenitore, e parte del divertimento risiede nel cercare un recipiente che li metta in risalto.

Olio essenziale
di garofano

Olio essenziale
di patchouli

Olio essenziale
di rosmarino

Semi di cumino

Erbe aromatiche
miste a foglia grigia

Rosmarino

Fiori misti

Anice stellato

Cardamomo

Radice di giglio fiorentino

Semi di carvi

MISCELA ROSA E MALVA

1 litro di petali e fiori di tonalità rosa e malva
50 g misti di erbe aromatiche a foglia grigia
25 g di rosmarino
25 g di radice di giglio fiorentino in polvere
2 cardamomi schiacciati
1/2 cucchiaino di semi di cumino
2 anici stellati
1/2 cucchiaino di semi di carvi
4 gocce di olio essenziale di garofano
2 gocce di olio essenziale di rosmarino
1 goccia di olio essenziale di patchouli

*Ricetta basata sulla mescolanza di graziosi fiori rosa
ed erbe aromatiche a foglia grigia; gli oli essenziali
e le spezie conferiscono alla mescolanza una
fragranza sfuggente, ricca e floreale.*

MISCELA GIALLA E ARANCIONE

1 litro di petali e fiori di tonalità gialla e arancione
50 g di erbe aromatiche miste
25 g di radice di giglio fiorentino in polvere
25 g di lavanda
2 cucchiaini di cannella in polvere
1/2 cucchiaino di noce moscata grattugiata
1/2 cucchiaino di chiodi di garofano interi
pochi frammenti di scorza di limone e arancia
3 gocce di olio essenziale di limone
3 gocce di olio essenziale di geranio

Erbe profumate e fiori gialli e arancione formano
un pot pourri dal profumo intenso di limone.

MISCELA BIANCA E CREMA

1 litro di petali e di fiori di tonalità bianca e crema
50 g di erbe aromatiche miste
25 g di rosmarino
25 g di radice di giglio fiorentino in polvere
2 cucchiaini di resina di benzoino finemente triturata
3 cardamomi schiacciati
1/2 cucchiaino di chiodi di garofano interi
2 gocce di olio essenziale di geranio
2 gocce di olio essenziale di palissandro
1 goccia di olio essenziale di limone

Mescolanza insolita di fiori bianchi ed erbe,
dal profumo dolce e fascinoso assai persistente.

MISCELA AZZURRA E MALVA

1 litro di petali e fiori di tonalità azzurra e malva
50 g di erbe aromatiche miste a foglia grigia
25 g di lavanda
25 g di radice di giglio fiorentino in polvere
1/2 cucchiaino di chiodi di garofano interi
1/2 cucchiaino di pimento macinato
3 frammenti di macis triturato
3 gocce di olio essenziale di lavanda
2 gocce di olio essenziale di bergamotto

I fiori di colore azzurro-maiolica di Delft mescolati
con erbe aromatiche a foglia grigia formano un incantevole
pot pourri dalla fragranza di lavanda.

* *Occasioni speciali* *

*I pot pourri indicati per occasioni speciali e celebrazioni variano dalle graziose
miscele profumate alla rosa a straordinari accostamenti di colori e forme.*

I pot pourri costituiscono un grazioso ricordo delle celebrazioni in cui i fiori rivestono un ruolo importante, come matrimoni, battesimi e compleanni. Si possono facilmente essiccare i fiori di un bouquet e abbinarli agli ingredienti dei pot pourri per creare incantevoli mescolanze evocative di occasioni felici. Per ottenere un pot pourri ornamentale di questo tipo essiccate alcuni fiori speciali in un'apposita sostanza disseccante e decorate la superficie del pot pourri con i fiori perfettamente conservati. Se utilizzate i fiori di un bouquet matrimoniale spruzzate di vernice d'argento alcuni dei fiori e distribuiteli sulla superficie per conferirle una lucentezza romantica. Aggiungete quindi alcune erbe tradizionali, come qualche ramoscello di basilico o di maggiorana, che simboleggiano rispettivamente amore e felicità.

Per ottenere composizioni spiccatamente ornamentali accostate fiori di colori contrastanti, come infiorescenze verdi di angelica e rose di colore magenta scuro, ortensie bianche come la carta e cortecce di colore bruno. In alternativa, spruzzate di blu metallico, verde e porpora i fiori di ortensia scoloriti e aggiungeteli a un pot pourri di fiori blu e rosa, ottenendo un insieme color pavone dalle splendide tonalità orientali (vedere pag. 43). Se i fiori che utilizzate sono privi di profumo, aggiungete una fragranza di vostra scelta sotto forma di olio essenziale o di spezie.

POT POURRI COLOR PAVONE

1 litro di fiori misti di colore blu, porpora e rosa
50 g di erbe aromatiche miste
25 g di lavanda
25 g di radice di giglio fiorentino in polvere
2 cucchiaini di cannella in polvere
1/2 cucchiaino di chiodi di garofano interi
1 fava tonka schiacciata
1 anice stellato
2 gocce di olio essenziale di sandalo
2 gocce di olio essenziale di palissandro
2 gocce di olio essenziale di gelsomino
fiori spruzzati di colore blu metallico,
malva e verde per decorazione

*I fiori blu, porpora e malva si combinano
con il verde scuro delle erbe aromatiche miste
e formano un pot pourri dal profumo esotico.*

Fava tonka

Anice stellato

*Chiodi di
garofano*

Lavanda

Fiori misti

*Fiori per
decorazione*

*Olio essenziale
di sandalo*

*Olio essenziale
di palissandro*

*Olio essenziale
di gelsomino*

*Erbe aromatiche
miste*

*Radice di giglio
fiorentino*

Cannella

POT POURRI ROSSO E BIANCO

1 litro di petali e fiori di rosa rossa e altri fiori bianchi
50 g di erbe aromatiche miste
25 g di rosmarino
25 g di radice di giglio fiorentino in polvere
1/2 cucchiaino di chiodi di garofano interi
1 cucchiaino di cassia schiacciata
3 frammenti di macis triturati
3 gocce di olio essenziale di rosa
2 gocce di olio essenziale di rosmarino
1 goccia di olio essenziale di palissandro

*Accostamento di fiori misti bianchi con petali e
fiori di rosa di colore rosso brillante,
lievemente speziato e profumato alla rosa*

POT POURRI ELISABETTIANO

1 litro di fiori misti rossi, blu, porpora,
marroni e gialli
50 g di erba bergamotto e di foglie sminuzzate
di calamo aromatico, di enula campana,
di mirride e di angelica
25 g di rosmarino
25 g di radice di giglio fiorentino in polvere
25 g di scagliette di legno di sandalo
1/2 cucchiaino di chiodi di garofano interi
1/2 cucchiaino di noce moscata grattugiata
2 gocce di olio essenziale di legno di sandalo
2 gocce di olio essenziale di bergamotto
2 gocce di olio essenziale di rosa
1 goccia di incenso
fiori di achillea filipendulina per decorazione

*Antica ricetta di pot pourri riccamente profumato
e colorato.*

POT POURRI DI FIORI NUZIALI

1 litro misto di petali di rosa bianchi e rosa, fiori d'arancio,
di mirto e di ortensia bianca, boccioli di rosa dello stesso
colore e qualsiasi altro fiore compreso nel bouquet della sposa
50 g misti di foglie di mirto, basilico, foglie di rosa e maggiorana
25 g di rosmarino
25 g di resina di benzoino finemente triturata
25 g di radice di giglio fiorentino in polvere
1 cardamomo schiacciato
1 cucchiaino di cassia schiacciata
3 gocce di olio essenziale di rosa
2 gocce di olio essenziale di lavanda
1 goccia di olio essenziale di patchouli
fiori spruzzati d'argento per decorazione

*Le erbe che secondo la tradizione simboleggiano amore,
fedeltà e felicità sono mescolate in questo pot pourri
con alcuni fiori prevalentemente rosa e bianchi tipici
dei tradizionali bouquet da sposa.*

✻ *Influenze esotiche* ✻

Dalle mescolanze discrete di legni aromatici ai fiori dal profumo inebriante
e ai frutti e spezie dal dolce profumo, ecco alcune ricette con un tocco di esotismo.

Molte delle spezie, degli oli essenziali, dei legni e dei fiori profumati, delle resine e persino delle erbe impiegati nei pot pourri provengono dalle regioni mediterranee orientali o dall'Oriente. Da secoli si utilizza la scorza essiccata di limoni, arance e limette dal profumo penetrante, mentre recentemente sono stati introdotti altri agrumi come il minuscolo kumquat e il grazioso pompelmo dalla buccia rosata. Altri frutti tropicali essiccati in grado di aggiungere una nota di colore alle mescolanze, per quanto privi di profumo, sono i kiwi, tagliati a fette trasparenti, e gli originali frutti esotici a forma di stella; a questi si possono aggiungere le pannocchiette di granturco dolce.

Tra i fiori ideali per questi pot pourri si possono annoverare il gelsomino, i gigli, i fiori d'arancio, la mimosa e i narcisi; mescolati a spezie penetranti, a poche gocce di olio essenziale di patchouli o di ylang-ylang e ad alcune gocce di un'essenza di fiore tropicale, tali fiori danno vita a pot pourri dalla fragranza esotica ed inebriante. È consigliabile disporre queste mescolanze in stanze ampie e ventilate, perché non risultino moleste.

Coloro che non amano i profumi floreali potranno creare interessanti pot pourri speziati e muschiati utilizzando legni esotici profumati; scagliette di legno di sandalo e di cedro, corteccia di cannella, frammenti di legno di campeggio, legno di agar e cassia sono tutti elementi abbastanza facilmente reperibili.

Io amo disporre le mescolanze di legni in ciotole semplici, mentre per i pot pourri a base di frutti sono più adatti contenitori grandi e spaziosi, dove colori e forme risaltano maggiormente. Infine, i contenitori più indicati sono i vasi cinesi e giapponesi.

MISCELA DI LEGNI ESOTICI

1 litro di legni misti, tra i quali almeno tre o quattro dei seguenti: scagliette di legno di sandalo, di cedro e di agar, corteccia di cannella, frammenti di legno di campeggio, cannella bianca e cassia
50 g di lavanda
1 cucchiaino di resina di incenso finemente macinata
4 cardamomi schiacciati
1/2 cucchiaino di chiodi di garofano triturati
1/2 cucchiaino di scorza di arancia, limone e limetta
25 g di radice di giglio fiorentino in polvere
2 cucchiaini di cannella in polvere
1 cucchiaino di pimento macinato
1 baccello di vaniglia
2 gocce di olio essenziale di legno di cedro
2 gocce di olio essenziale di lavanda
2 gocce di olio essenziale di ylang-ylang
fiori per decorazione

Interessante pot pourri orientale di legni misti.

Fiori e frutti ornamentali

Legni misti

Scorza di arancia

Chiodi di garofano

Radice di giglio fiorentino

Incenso

Lavanda

Baccello di vaniglia

Cannella

Cardamomo

Pimento

Olio essenziale di ylang-ylang

Olio essenziale di legno di cedro

Olio essenziale di lavanda

POT POURRI AGLI AGRUMI

1 litro di scorze miste di limetta, limone, arancia,
mandarino e pompelmo
50 g di foglie di eucalipto
25 g di radice di giglio fiorentino in polvere
2 bastoncini di cannella

1 cucchiaino di coriandolo
1/2 cucchiaino di noce moscata grattugiata
2 fave tonke schiacciate
1/2 cucchiaino di chiodi di garofano interi
4 gocce di olio essenziale di limone
2 gocce di olio essenziale di bergamotto
kumquat e fiori gialli per decorazione

Pot pourri straordinariamente decorativo
e dal profumo penetrante.

MISCELA ORIENTALE

500 ml di lavanda
500 ml misti di gigli profumati
25 g di corteccia di cannella
25 g di *Evernia prunastri* o di vetiver
la scorza di un'arancia
25 g di radice di giglio fiorentino in polvere
1 anice stellato
1/4 di baccello di vaniglia
4 gocce di olio essenziale di lavanda
2 gocce di olio essenziale di legno di sandalo
fiori per decorazione

Si tratta di un pot pourri dolce dal sentore di Oriente.

POT POURRI TURCO

1 litro misto di petali e boccioli di rosa
e fiori di gelsomino e arancio
50 g misti di foglie di patchouli e di geranio aromatico,
basilico e maggiorana
25 g di lavanda
la scorza di un'arancia
25 g di scagliette di legno di cedro
25 g di resina di benzoino finemente tritata
2 bastoncini di cannella
1 cucchiaino di chiodi di garofano interi
1/2 cucchiaino di noce moscata grattugiata
2 gocce di olio essenziale di lavanda
2 gocce di olio essenziale di rosa
1 goccia di olio essenziale di limone
1 goccia di olio essenziale di patchouli
fiori per decorazione

Accostamento ricco e intenso al profumo di limone;
si tratta di un pot pourri inebriante dotato dell'aroma
caratteristico delle regioni mediterranee orientali.

* *Aromi inebrianti* *

I pot pourri ottenuti con il metodo umido hanno un profumo deliziosamente ricco; non sono semplici da preparare come i pot pourri secchi, ma la loro fragranza è notevolmente più duratura.

Il profumo di un pot pourri umido si differenzia decisamente da quello di un pot pourri preparato a secco, poiché, per quanto si basi sulla fragranza fugace dei fiori profumati che lo costituiscono, tuttavia ha molta più sostanza. Il lungo processo di macerazione, durante il quale per lo più si aggiungono acquavite e zucchero, sviluppa un profumo decisamente più dolce e molto più intenso. Il metodo umido (vedere pag.98) è la procedura più antica e tradizionale di preparazione dei pot pourri, che dà forse i risultati migliori. Il fattore tempo è meno importante nelle ricette umide; in qualsiasi momento si possono aggiungere petali parzialmente essiccati nel barattolo di conservazione e si può creare la mescolanza finale quando si desidera: essa, infatti, migliora con il tempo.

I petali di rosa costituiscono l'ingrediente di base tradizionale della maggior parte delle miscele umide, tuttavia qualsiasi fiore o foglia profumati sono altrettanto indicati. Qualsiasi petalo si scelga, non avrà un aspetto particolarmente attraente quando la mescolanza umida sarà pronta; pertanto, se si desidera esporre in una ciotola scoperta petali e altri ingredienti macerati, è consigliabile decorare la superficie della miscela con fiori essiccati per rendere il pot pourri più attraente. Il modo tradizionale di conservazione di un pot pourri umido è all'interno di un barattolo speciale dal coperchio perforato, o in un bel contenitore coperto, apribile in qualsiasi momento; in questo modo il profumo durerà per molti anni.

Olio essenziale di lavanda *Olio essenziale di geranio*

Chiodi di garofano *Foglia di alloro*

Scorza di arancia

Fiori per decorazione

Maggiorana

Erbe miste

Petali di rosa sbriciolati e macerati

MISCELA ALLA LAVANDA

1 litro di petali sbriciolati e macerati
50 g di lavanda
25 g di maggiorana
50 g misti di rosmarino, timo e melissa
3 foglie sbriciolate di alloro
1 cucchiaino di scorza di arancia grattugiata
25 g di radice di giglio fiorentino in polvere
1/2 cucchiaino di cannella in polvere
1/2 cucchiaino di chiodi di garofano triturati
1/2 cucchiaino di noce moscata grattugiata
2 gocce di olio essenziale di lavanda
3 gocce di olio essenziale di geranio
eventuali fiori per decorazione

Pot pourri umido a base floreale e dal profumo pungente aromatizzato agli agrumi.

Radice di giglio fiorentino

Lavanda

Cannella

Noce moscata

POT POURRI FLOREALE DOLCE

1 litro di petali sbriciolati e macerati
25 g di lavanda
12 g di resina di benzoino finemente triturata
25 g di radice di giglio fiorentino in polvere
1/2 baccello di vaniglia sminuzzato
1 cucchiaino di cardamomo schiacciato
1/2 cucchiaino di chiodi di garofano macinati
1/2 cucchiaino di noce moscata grattugiata

1 goccia di incenso
2 gocce di olio essenziale di lavanda
3 gocce di olio essenziale di rosa
eventuali fiori per decorazione

Pot pourri floreale dal profumo dolce e intenso, da decorare con fiori o da conservare in un contenitore con coperchio. Nell'illustrazione, fiori essiccati di potentilla e di rosa rosso intenso e rosa si ambientano egregiamente nel trasparente piatto rosa.

MISCELA DI ROSE, FIOR D'ANGELO E GAROFANI

1 litro misto di petali di rose fresche e fiori freschi
di garofani e di fior d'angelo
50 g misti di menta, maggiorana e rosmarino freschi
50 g di lavanda
4 foglie di alloro
25 g di cannella in polvere
1/2 cucchiaino di chiodi di garofano macinati
uno spruzzo di acqua di lavanda
uno spruzzo di acquavite
12 g di resina di benzoino finemente triturata
1/2 cucchiaino di noce moscata grattugiata
12 g di radice di giglio fiorentino in polvere
100 g di sale aromatizzato all'alloro (non sale da tavola)

Antica ricetta per la preparazione di un pot pourri umido
che si differenzia dalle altre mescolanze umide in quanto
tutti gli ingredienti si mescolano insieme e si depositano
a strati in un barattolo con sale, acquavite e acqua di lavanda,
quindi si chiude il barattolo e se ne lascia macerare
il contenuto per due mesi, rimescolando ogni giorno.
All'interno dell'alto barattolo di vetro illustrato qui a fianco
sono stati deposti a strati fiori secchi, erbe, spezie e
un sacchetto di mussola contenente pot pourri macerato.

MISCELA AL LIMONE

1 litro di petali sbriciolati e macerati
25 g di lavanda
50 g misti di melissa e cedronella
25 g di foglie di geranio profumate di limone
25 g di rosmarino
la scorza schiacciata di 1/4 di limone
25 g di radice di giglio fiorentino in polvere
1/2 cucchiaino di cannella in polvere
1/2 cucchiaino di chiodi di garofano macinati
3 gocce di olio essenziale di limone
2 gocce di olio essenziale di rosa
1 goccia di olio essenziale di lavanda
eventuali fiori per decorazione

Pot pourri dall'aroma pungente a base di limone; quando
si rimuove il coperchio la mescolanza appare decorata
di petali e fiori essiccati di rosa.

MISCELA FLOREALE PICCANTE

1 litro di petali sbriciolati e macerati
50 g di foglie di geranio profumate alla rosa
25 g di lavanda
25 g di radice di giglio fiorentino in polvere
la scorza essiccata di 1/2 limone
1 fava tonka schiacciata
1/2 cucchiaino di pimento macinato
1/2 cucchiaino di noce moscata grattugiata
2 gocce di olio essenziale di lavanda
2 gocce di olio essenziale di geranio odoroso
2 gocce di olio essenziale di limone

*Le foglie di geranio deliziosamente profumate alla rosa
arricchiscono questa ricetta floreale dall'aroma pungente
di un tocco penetrante, ulteriormente intensificato
da un sentore impercettibile di limone.*

MISCELA DI ROSE E BERGAMOTTO

1 litro di petali sbriciolati e macerati
50 g di foglie di erba bergamotto
25 g di lavanda
25 g di resina di benzoino finemente triturata

1 anice stellato
1/2 cucchiaino di cannella in polvere
1/2 cucchiaino di chiodi di garofano interi
1 goccia di olio essenziale di patchouli
3 gocce di olio essenziale di bergamotto
3 gocce di olio essenziale di rosa

*Antica ricetta basata sulle fragranze tradizionali delle rose
e delle foglie di bergamotto; i tre oli essenziali utilizzati
conferiscono alla miscela un aroma gradevolmente pungente.*

MISCELA CAMPAGNOLA

1 litro di petali sbriciolati e macerati
50 g di foglie di mirto
25 g di lavanda
25 g di radice di giglio fiorentino in polvere
1/2 cucchiaino di chiodi di garofano interi
1/2 cucchiaino di coriandolo
1/2 baccello di vaniglia
5 gocce di olio essenziale per pot pourri a base
di fiori di campagna

*Le foglie di mirto conferiscono a questo pot pourri
una fragranza insolita.*

CAPITOLO SECONDO

Fragranze nascoste

Si possono utilizzare i pot pourri in molti deliziosi modi per profumare una gran quantità di accessori per la casa, quali cuscini, contenitori per camicie da notte e fazzoletti, sacchetti profumati, mazzolini, cestini di fiori, saponi e persino l'acqua del bagno. Si può imbottire un guanciale con un pot pourri che favorisca il sonno; ma se non ci si addormenta subito, cosa vi è di più riposante di un cuscino che esala un tenue profumo di lavanda e di luppolo? I cuscini profumati possono essere arricchiti con ricami e applicazioni di pizzi, o possono essere rivestiti di graziosi tessuti floreali.

Si possono confezionare sacchetti profumati di forme diverse e in pizzo, materiale trasparente o stoffe a fiori; essi, inoltre, sono assai graziosi ricamati.

Per aumentare la fragranza di mazzolini e cestini di fiori inserite delle palline di rete contenenti pot pourri profumati. Nel bagno conservate le saponette entro barattoli di vetro o piatti colmi di pot pourri perché possano assorbirne i profumi, e mettete in sacchetti di mussola miscele speciali per profumare l'acqua del bagno.

✳ Materiali e attrezzature ✳

*È possibile creare un'interessante varietà di accessori profumati utilizzando elementi
vegetali profumati e materiali come pizzo e cotone, agrumi, altri fiori e saponette.*

I lavori suggeriti in questo capitolo sono tutti di semplice esecuzione e i materiali necessari facilmente reperibili. Scegliete tessuti e fili graziosi per sacchetti profumati e cuscini e, se possibile, tingete voi stessi il pizzo ornamentale in un colore intonato; appendete le sfere
aromatiche con nastri di colore complementare, rifini-
te i mazzolini con centrini di carta dalle tonalità tenui
e abbinate il colore del pot pourri alle saponette che
unirete allo stesso. Se l'idea di ricamare vi spaventa,
applicate graziosi ritagli di tessuto a cuscini e sacchetti
profumati, oppure cucite lustrini o perline per conferire a tali accessori un tocco decorativo.

Si possono realizzare con grande soddisfazione so-
luzioni decorative e profumate per ogni stanza della casa,
che costituiscono meravigliosi regali da dare e riceve-
re: cuscini per il salotto, la sala da pranzo e la cucina;
guanciali che inducono il sonno e contenitori
per camicie da notte; mazzolini, cestini e
bouquet di fiori da deporre sulla tavola,
sugli scaffali e sui davanzali; piccoli
sacchetti profumati da tenere nei
cassetti e negli armadi e sacchetti di
di erbe per l'acqua del bagno.
Non occorre altro oltre all'at-
trezzatura illustrata in queste
due pagine, i tessuti e gli
elementi vegetali necessari.
Una volta che abbiate
sperimentato anche voi il
piacere di una casa profumata, senza dubbio vorreste
dedicarvi all'arte di
preparare i pot pourri e di
disporre i fiori in modo che
nella vostra casa si diffonda
una fragranza deliziosa.

**Sacchetti profumati
e guanciali**
*Guanciali, contenitori per
camicie da notte, sacchetti
profumati ed attaccapanni
non sono che alcuni dei
deliziosi oggetti profumati che
si possono creare con tessuti di
cotone, seta, pizzo o cotonina
stampata (pagg. 58-71).*

Lavanda

*Perline e
lustrini*

*Forbici da
cucito*

*Tessuto e
materiale per
imbottiture*

Spilli

Aghi

*Filo per
cucire*

*Seta per
ricamo*

Cordini

Pizzi

Ferro da
calza in
metallo

Arancia

Sacchetto di plastica

Cannella

Radice
di giglio
fiorentino

Centrino

Filo metallico
da fioraio

Filo metallico
arrotolato

Cestino

Filo metallico
da giardiniere

Pot pourri

Rete di seta

Gomma-
spugna da
fioraio

Bastoncino di
cannella

Spilli

Anice
stellato
decorato

Nastri

Chiodi di
garofano

Fettuccia

Nastro da fioraio

Fiore di rosa
essiccato

Forbici

Mussola

Petali, fiori e
foglie di rosa

Saponette

Palline profumate

*Per preparare queste
tradizionali sfere profumate
agli agrumi non occorre
molto materiale; chiodi di
garofano e cannella in polvere
si trovano in tutte le cucine,
mentre la radice di giglio
fiorentino si può acquistare
presso la maggior parte dei
negozi di erboristeria o di
alimenti naturali. Decorate le
sfere profumate agli agrumi
con graziosi nastri di velluto
o di raso annodati sulla
sommità, quindi appendeteli
ad altezze diverse di fronte a
una finestra, o disponeteli
in una ciotola o in un cestino
(pagg.72-75).*

Saponette e sacchetti
per l'acqua del bagno

*Per la stanza da bagno si
possono preparare saponette
profumate, sacchetti fragranti
per l'acqua del bagno e
graziosi pot pourri. Preparate
delicate miscele di fiori che
richiamino il colore del
vostro bagno e disponete delle
saponette prive di profumo
nel pot pourri, in modo che si
impregnino della fragranza di
quest'ultimo. Cucite dei
sacchetti da bagno in mussola
che riempirete di erbe miste e
teneteli in barattoli di vetro
decorati con fiori pressati
(pagg.82-84).*

Composizioni di fiori

*Si può intensificare il profumo
di cestini, bouquet e mazzolini
di fiori ed erbe con l'aggiunta
di spezie sostenute con filo
metallico e di piccole quantità
di pot pourri. Riempite i cestini
di gommaspugna da fioraio per
creare una solida base sulla
quale disporre gli elementi
vegetali e avvolgete dei centrini
di carta intorno ai mazzolini
come elemento decorativo
supplementare (pagg.76-81).*

✳ *Sacchetti profumati* ✳

Impiegati da secoli per profumare indumenti e biancheria, i sacchetti profumati possono essere appesi negli armadi o riposti nei cassetti dove si conservano abiti, lenzuola e persino la carta.

Già duemila anni fa i Greci solevano porre ramoscelli e foglie di erbe aromatiche in mezzo alla biancheria, poiché avevano scoperto le proprietà insetticide di alcune erbe e la fragranza dolce e persistente di altre. In Oriente le foglie di patchouli venivano utilizzate per proteggere dai danni provocati dagli insetti i bellissimi scialli del Kashmir e i tessuti preziosi. In Europa fin dal XVI secolo si diffuse l'abitudine di porre in mezzo alla biancheria e tra i libri erbe e fiori profumati, a volte insettifughi.

Spesso si trituravano in polvere finissima gli ingredienti dei sacchetti per ottenere un amalgama perfetto dei diversi profumi utilizzati, e per potervi contenere ingredienti aromatici voluminosi. Al giorno d'oggi non è più necessario triturare i vari materiali, poiché si utilizzano gli oli essenziali per profumare le mescolanze. Dal momento che ciascun sacchetto può contenere una quantità limitata di pot pourri, io preparo sempre delle miscele intensamente aromatiche.

Si possono realizzare sacchetti da appendere negli armadi e agli attaccapanni, alle travi o alle maniglie delle porte, da fissare alle sedie, da infilare nelle federe dei guanciali o da disporre sugli scaffali della stanza da bagno. Naturalmente, non è necessario che le miscele tarmifughe e insettifughe abbiano una fragranza floreale; io consiglio di prepararle con tanaceto, abrotano e ruta.

PREPARAZIONE DI UN SACCHETTO PIATTO

1 *Scegliere un tessuto adatto: è assai indicato un materiale leggero in fibra naturale. Con un paio di forbici da stoffa ricavare due quadrati di tessuto di 10 cm di lato quindi tagliare una striscia di pizzo lunga 80 cm. Appuntare insieme i due quadrati di tessuto.*

2 *Increspare il pizzo fino a ridurne la lunghezza totale a 40 cm circa, quindi cucirlo su tre lati del sacchetto attraverso entrambi gli strati di tessuto lasciando il quarto lato aperto. Preparare la miscela secondo il metodo secco (vedere pag.96), quindi riempire il sacchetto e infine cucire il pizzo sul quarto lato, come indicato in precedenza, per chiudere il sacchetto.*

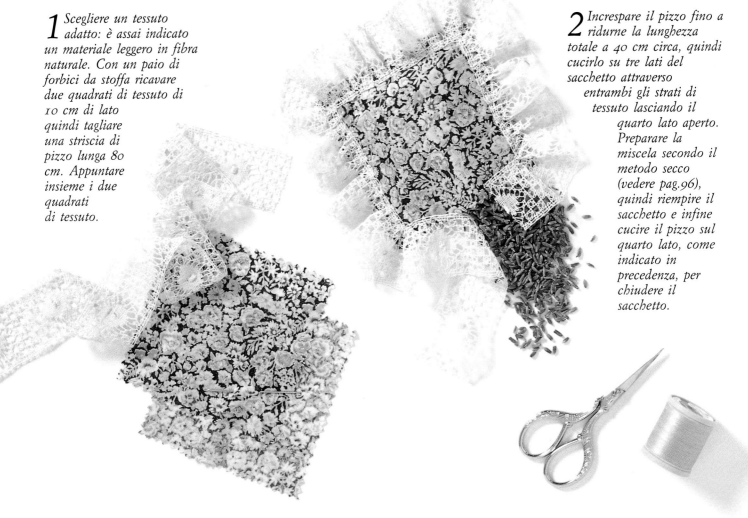

PREPARAZIONE DI UN SACCHETTO DA APPENDERE

1 Per confezionare un sacchetto di medie dimensioni tagliare un pezzo di stoffa di 17 × 25 cm, quindi piegare la stoffa a metà nel senso della lunghezza, facendo combaciare i due diritti; cucire il fondo e il lato lungo aperto, quindi parificare gli orli e tagliare a novanta gradi gli angoli. Ripiegare il sacchetto alla sommità in modo che il bordo superiore del tessuto venga a trovarsi all'incirca a metà del sacchetto, come illustrato nella figura, quindi stirare e riportare fuori il diritto del sacchetto.

2 Riempire per due terzi il sacchetto di pot pourri e stringerlo appena al di sopra del livello di quest'ultimo, come illustrato. Formare un nodo con del nastro o del cordino e cucirlo sulla parte anteriore del sacchetto per dissimulare le pieghe, quindi decorare la parte centrale del nodo con alcuni fiorellini essiccati: i fiori di anafalide sono ideali in quanto non solo mantengono la forma in modo straordinario, ma sono anche fiorellini molto resistenti che si sbriciolano solo se trattati grossolanamente.

MISCELA PER SACCHETTO PROFUMATO

1 litro misto di timo, melissa, menta e maggiorana
25 g di lavanda
25 g di radice di giglio fiorentino in polvere
1 cucchiaino di chiodi di garofano schiacciati
4 gocce di olio essenziale di lavanda
4 gocce di olio essenziale di limone

L'aroma di fondo di questo pot pourri erbaceo dal profumo intenso a base di limone ha un sentore di lavanda, tuttavia non è decisamente floreale. Le quantità qui indicate sono sufficienti alla preparazione di una ventina di sacchetti.

MISCELA ALLE ROSE

1 litro di petali di rosa
25 g di lavanda
25 g di radice di giglio fiorentino in polvere
1 cucchiaino di cannella in polvere
6 gocce di olio essenziale di rosa
2 gocce di olio essenziale di lavanda

*Pot pourri tradizionale di petali di rosa, dalla fragranza penetrante, dolce e lievemente speziata, probabilmente di gusto più femminile che maschile.
A sinistra i sacchetti riempiti.*

MISCELA AL LEGNO DI SANDALO

1 litro di scagliette di legno di sandalo
25 g di foglie di bergamotto
25 g di radice di giglio fiorentino in polvere
1 cucchiaino di chiodi di garofano triturati
4 gocce di olio essenziale di legno di sandalo
4 gocce di olio essenziale di bergamotto

Caratterizzati da una tradizionale fragranza mascolina, assai duratura, basata sul legno di sandalo e sul bergamotto dall'aroma penetrante, i sacchetti illustrati qui sopra possono essere appesi agli attaccapanni di un armadio e infilati tra le camicie.

Sacchetti in miniatura

Anche i più piccoli ritagli di pizzo, nastro o tessuto possono trasformarsi in sacchetti, in piccoli quadrati o in altre forme decorative e riempiti di pot pourri. Decorate i sacchetti di petali di rose con minuscoli boccioli di rosa pressati o in raso e incollate fiori pressati sulla parte anteriore dei sacchetti orlati di pizzo e proteggeteli con una rete finissima. Tingete pizzi e nastri in sfumature tenui intonate al colore della miscela e ricamate i sacchetti o decorateli con perline e lustrini. Infine appendeteli con nastri di colore intonato.

✳ *Cuscini di erbe* ✳

*Sono note ormai da secoli le proprietà terapeutiche del profumo
e già nel XVI secolo si riempivano materassi e guanciali di sostanze fragranti.*

Da tempo immemorabile si sono imbottiti i materassi di erbe profumate e stellina odorosa, eventualmente con l'aggiunta di lavanda o petali di rosa, aghi di pino freschi, erica fiorita e profumata, coni di luppolo e persino scagliette di legni aromatici. Analogamente si imbottivano i guanciali con mescolanze simili, benché si preferissero sostanze vegetali generalmente meno voluminose e più delicate, perché il profumo non fosse eccessivo. Il cuscino che favoriva il sonno veniva riempito di mescolanze calmanti a base di luppolo e lavanda, miscugli di erbe, accostamenti floreali delicati e qualche spezia.

I cuscini di erbe al giorno d'oggi variano dai semplici cuscini di cotone, decorati a ramoscelli o in patchwork, a quelli decisamente ornamentali, in pizzo o ricamati. Qualsiasi tipo di cuscino decidiate di realizzare, provate a tingere voi stessi la stoffa per ottenere una tonalità intonata alla stanza cui il cuscino è destinato: il pizzo e la tela di cotone dei cuscini ricamati, di colore rosa e azzurro ortensia, illustrati alle pagine 68 e 69, ideali in una camera da letto romantica, sono stati tinti in casa. Si possono inoltre creare cuscini profumati per poltrone e divani, che rendono fragrante il soggiorno. Riempite il guanciale o il cuscino con un pot pourri di vostra scelta, tuttavia ricordate che generalmente si prediligono fragranze floreali delicate e fresche, e che il profumo emanato da un guanciale non deve essere eccessivo. Si possono inoltre preparare cuscini commemorativi, profumati e ricamati, in occasione di un matrimonio, di un compleanno o di qualsiasi altra occasione speciale. Ricamate semplicemente il vostro messaggio a punto erba sul lato anteriore del cuscino: avrete così preparato un dono bellissimo e molto speciale.

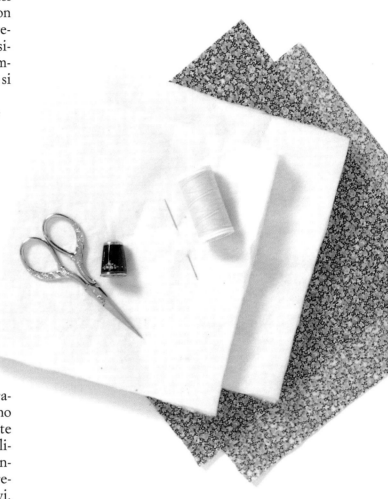

MISCELA PENETRANTE ALLA ROSA

500 ml di petali di rosa intensamente profumati
500 ml misti di cedronella, rosmarino e stellina odorosa
25 g di lavanda
25 g di radice di giglio fiorentino in polvere
1/2 cucchiaino di chiodi di garofano triturati
la scorza essiccata e grattugiata di un'arancia
4 gocce di olio essenziale di rosa
4 gocce di olio essenziale di bergamotto

*Le erbe e l'olio di bergamotto accentuano la fragranza
del profumo di rosa che emana da questo pot pourri
vigoroso e speziato, ideale per guanciali e sacchetti profumati.*

CREAZIONE DI UN CUSCINO QUADRATO

1 Procuratevi della stoffa di cotone di vostra scelta e 120 g di materiale sintetico per imbottiture; con le forbici da cucito ritagliate due quadrati di stoffa di 20 cm di lato e sei quadrati di materiale per imbottiture di 18 cm circa di lato in modo che il cuscino risulti ben rigonfio. Preparate quindi la miscela penetrante alla rosa mediante il metodo secco (vedere pag. 96); la quantità indicata è sufficiente ad imbottire di pot pourri quattro cuscini ben rigonfi.

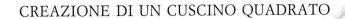

2 Per preparare l'interno sovrapponete l'uno sull'altro i sei quadrati di materiale sintetico per imbottiture, quindi, mediante il punto da imbastitura, cucite tre lati dell'imbottitura lasciando il quarto aperto. Accertatevi che tutti e sei i quadrati siano fissati saldamente, quindi distribuite con un cucchiaio il pot pourri al centro dell'imbottitura fino a formare un cuscino rigonfio; infine, cucite il quarto lato degli strati di imbottitura.

3 Per confezionare la fodera del cuscino unite i due ritagli di stoffa facendoli combaciare per il diritto e cuciteli a macchina lungo tre lati, quindi parificate gli orli con le forbici e tagliate gli angoli a novanta gradi. Rovesciate la fodera portando il diritto all'esterno e stiratela, quindi infilatevi l'imbottitura piena di pot pourri sospingendola con cura negli angoli. Infine, cucite a mano il quarto lato in modo che i punti si possano disfare facilmente quando dovrete lavare la fodera di stoffa o sostituire il pot pourri contenuto all'interno.

MISCELA CALMANTE

500 ml di violette
500 ml di petali di rosa
25 g di rosmarino
25 g di radice di giglio fiorentino in polvere
1 fava tonka schiacciata
1/2 baccello di vaniglia sminuzzato
la scorza essiccata di mezzo limone
3 gocce di olio essenziale di violetta
2 gocce di olio essenziale di rosa
1 goccia di olio essenziale di limone

*Mescolanza delicata e calmante, assai adatta a un guanciale
che favorisca il sonno; si tratta di una fragranza floreale
e muschiata dal sentore di vaniglia.*

MISCELA RICCA

500 ml di ramoscelli terminali di ginepro o di qualsiasi
altra conifera aromatica
500 ml di cedronella
25 g di stellina odorosa
25 g di rosmarino
25 g di radice di giglio fiorentino in polvere
1 fava tonka schiacciata
2 gocce di olio essenziale di pino
1 goccia di olio essenziale di rosmarino
2 gocce di olio essenziale di limone

*Pot pourri privo di tonalità speziate; l'aggiunta
di stellina odorosa e rosmarino conferisce alla base
di pino e limone una nota lievemente più intensa.*

Cuscini di pizzo
Per il tessuto e il filo di questi graziosi cuscini di pizzo e tela di cotone tinti a mano, imbottiti con un pot pourri floreale, sono state scelte tonalità rosa e azzurro scuro, che richiamano i colori delle ortensie. I ricami sono stati realizzati a punto a nodo.

Fodere in stile Ottocento
*I contenitori in tela di
cotone per camicie da notte
e fazzoletti (pagina di
sinistra) sono assai semplici
da confezionare: infilate
un'imbottitura sottile,
ripiena di pot pourri, in una
bustina ricamata. Per
preparare l'appendiabiti
profumato, infilate un
cilindro ripieno di pot
pourri, quindi rivestitelo.*

* Palline profumate speziate *

*Le palle profumate erano già diffuse presso gli antichi Greci,
ma quelle di agrumi nacquero nel XVI secolo.*

La prima citazione di palline profumate come le inten-
diamo noi si trova nella letteratura medica europea del
XIII secolo: era infatti consuetudine portare con sé le
sfere profumate per tenere lontane le malattie. Questi
primi esemplari erano degli agglomerati, della grandezza
di una mela, di sostanze aromatiche, tra le quali fissativi come l'ambra grigia, il muschio, lo zibetto e il castoreo, che si riteneva possedessero proprietà disinfet-
tanti. I primi cristiani, inoltre, utilizzavano grani di sfere
aromatiche come rosari e durante il Rinascimento grani di sottili filigrane contenevano perle, metalli preziosi e sostanze aromatiche. Nel XVI secolo le persone fa-
coltose solevano portare con sé o avvolgere intorno al
collo o alla vita contenitori decorativi per sfere aromatiche di grandi dimensioni, detti polverini. Le sfere
di ceramica forate e ripiene di sostanze aromatiche in
vendita al giorno d'oggi discendono da tali polverini.
Nella letteratura del XVI secolo, inoltre, si accenna ad
agrumi tempestati di chiodi di garofano e ricoperti di
spezie.

Attualmente le sfere profumate più diffuse sono con-
fezionate con agrumi, dal pompelmo rosa e giallo alle
arance e ai limoni, fino ai piccoli mandarini e alle limette. Il profumo di tali sfere profumate è alquanto simile a quello di un pot pourri agli agrumi speziato, tuttavia varia a seconda degli oli essenziali che si aggiungono alla mescolanza di spezie entro la quale si rotola
o si agita il frutto. Si può preparare una graziosissima
sfera floreale profumata semplicemente ricoprendo di
spezie, foglie e fiori palle di gommaspugna da fioraio.
Appendete le sfere profumate negli armadi, alle travi
del soffitto o con nastri di diverse lunghezze di fronte
a una finestra, oppure ponetele in un cestino.

L'OCCORRENTE

Agrumi: pompelmo, arancia, mandarino, clementina,
limone o limetta
Chiodi di garofano
Miscela di spezie: alcune gocce di un olio essenziale,
per esempio di cedronella o di bergamotto, mescolato
con cannella e radice di giglio fiorentino in parti uguali
Materiali: fettuccia di cotone, spilli, ferro da calza
in metallo e carta velina o carta oleata
Decorazione: nastri

PREPARAZIONE
DELLE PALLINE
PROFUMATE
DI AGRUMI

*1 Tagliate un pezzo di
fettuccia di larghezza
lievemente superiore a quella
del nastro che utilizzerete per
decorare o appendere
l'agrume, quindi fissate la
fettuccia sul frutto mediante
spilli, in modo che lo
suddivida a metà. Puntate
quindi un altro pezzo di
fettuccia sul frutto in modo
che risulti suddiviso in quarti.*

*2 Mediante un sottile ferro
da calza in metallo
praticate dei fori distanti 5
mm l'uno dall'altro; operate
su uno dei quattro settori alla
volta, e dalla sommità alla
base del frutto come indicato
nell'illustrazione, fino ai
bordi della fettuccia,
quindi inserite un
chiodo di garofano
in ogni foro.*

3 Infilate i chiodi di garofano nei quattro settori del frutto, quindi preparate la quantità richiesta di miscela di spezie: 50 g di spezie sono sufficienti per sei arance. Versate la mescolanza di spezie in un sacchetto di plastica, rimuovete la fettuccia applicata al frutto e ponete quest'ultimo nel sacchetto di plastica; chiudetene con cura l'apertura e scuotete vigorosamente. Attendete che le spezie si depositino, quindi aprite il sacchetto ed estraetene il frutto, picchiettandolo leggermente per eliminare l'eccesso di spezie; infine avvolgete la sfera in carta oleata o in carta velina e deponetela in luogo caldo, secco e scuro, come per esempio un armadietto ventilato, dove la terrete per due-tre settimane.

4 Durante tale periodo il frutto si restringerà lievemente e si indurirà; a questo punto decoratelo con nastro da fioraio o di velluto, di raso soffice o ricamato di colori vivaci, che avvolgerete intorno alla sfera negli spazi tra i chiodi di garofano. Provate a sovrapporre un nastro stretto ad uno più largo, e ad abbinare i colori in modo da creare accostamenti audaci, quindi con la parte superiore del nastro formate un nodo che vi servirà ad appendere la sfera; se, invece, la sfera andrà disposta su una superficie piana, formate un nodo piatto in cima alla stessa.

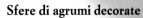

Sfere di agrumi decorate

Le sfere profumate preparate con arance, limoni e limette sono ideali da appendere di fronte a una finestra, alle travi del soffitto o alla mensola del camino oppure negli armadi dove profumeranno gli abiti. Le sfere preparate con i pompelmi sono troppo pesanti per essere appese e vanno pertanto disposte su un ripiano.

**Cestino di sfere profumate
di agrumi**

*Vari elementi aromatici quali
sfere profumate di agrumi,
kumquat freschi e spezie intere
sono disposti in un cestino rustico
assai singolare insieme ad alcuni
fiori di statice di colore giallo
intenso. Le sfere profumate
preparate con pompelmi, arance,
limoni e limette hanno il fascino
della semplicità priva di
ornamenti; questo cestino di sfere
profumate miste emana un aroma
speziato delizioso.*

Sfere profumate floreali
È possibile creare suggestivi collage di fiori, erbe e spezie da appendere: ricoprite di colla a base di gomma una palla di spugna sintetica da fioraio, quindi rotolatela nella lavanda, che costituirà la base aromatica della sfera. Successivamente incollate alla sfera con delicatezza tutti gli altri materiali ornamentali uno ad uno. La decorazione potrà essere ricca e formale o casuale e spontanea come un tipico giardino di campagna.

✳ *Composizioni floreali profumate* ✳

Si può esaltare la fragranza di un mazzolino, di un bouquet o di un cestino di fiori mediante uno o due sacchetti profumati di pot pourri.

Sfere o sacchetti profumati destinati alle composizioni floreali sono di semplice e rapida esecuzione: richiudete semplicemente il pot pourri in una rete formando una piccola sfera o un involto, quindi infilzatelo su un pezzo di filo metallico da fioraio di media grossezza e incorporatelo nella composizione floreale. Poiché il pot pourri sarà visibile attraverso la rete, accertatevi che i colori dello stesso si intonino con quelli del mazzo. Per esempio, un piccolo involto di pot pourri di petali di rosa sarà graziosissimo al centro di un mazzetto di fiori rosa; un cestino di erbe essiccate avrà un aspetto e un profumo ancor più deliziosi se si sistemeranno tra il fogliame sacchettini verdi di pot pourri a base di erbe, e un attraente bouquet di fiori essiccati dalle tonalità intense avrà un aspetto ancor più attraente se profumato con piccoli involti di rete contenenti petali di colore rosso.

I tradizionali mazzolini profumati possono trasmettere un messaggio a seconda del significato delle erbe e dei fiori con i quali sono stati composti; un tempo si riteneva che la loro fragranza avesse la proprietà di tenere lontano la peste e altri morbi infettivi, pertanto era uso portarli con sé come forma di protezione contro le malattie. Tali mazzolini tradizionali sono di semplice esecuzione: disponete i fiori intorno a un piccolo involto ripieno di pot pourri ed assicurate gli steli con del filo metallico.

Provate a profumare una composizione di pigne, bacche e foglie essiccate di conifera con sacchetti di pot pourri profumato al pino o con involti di legno di sandalo muschiato. Potete inoltre profumare una composizione floreale con le spezie.

Mazzolino piatto
Per preparare questo mazzolino tagliate via 3 cm dalla parte superiore di una palla di media grandezza di spugna da fioraio e incollatevi infiorescenze e mazzolini di erbe e foglie. Applicate quindi rose, anafalidi, erbe, erica, achillea ptarmica, fiori di carota e felci intorno a un piccolo involto contenente pot pourri di petali di rosa.

L'OCCORENTE

Per l'involto: rete fine, ago e filo, pot pourri e filo metallico da fioraio
Per le composizioni speziate: anice stellato, bastoncini di cannella, baccelli di vaniglia, fiori essiccati, filo metallico da fioraio di media grossezza, mazzolini di erbe e foglie essiccate, spugna sintetica da fioraio e contenitori
Per i mazzolini: fiori essiccati, filo metallico da fioraio, mazzolini di erbe e foglie essiccate e centrini di carta

PREPARAZIONE DI UN INVOLTO DI LAVANDA

1 *Ritagliate un cartoncino circolare del diametro di 7 cm circa e ponetelo su un pezzo di rete fine, quindi segnate il contorno del cartoncino sulla rete con una matita morbida. Ritagliate la rete seguendo la linea tracciata a matita ed eseguite una filza lungo il bordo della rete con del filo doppio di cotone, infine tirate il filo in modo da formare un piccolo contenitore aperto.*

2 *Mediante un cucchiaino riempite di lavanda il contenitore di rete quasi fino all'orlo, quindi tirate il filo e annodatelo saldamente. Infilzate l'involto di lavanda su un pezzo di filo metallico da fioraio, facendolo passare attraverso la base dell'involto nel punto in cui avete annodato il filo; per fissare il filo metallico più saldamente piegate ad uncino la punta di quest'ultimo e sospingetelo fino alla sommità dell'involto.*

Tale sacchetto può contenere pot pourri di profumi e colori diversi a seconda della fragranza e delle tonalità della composizione che desiderate profumare; si possono riempire gli involti di mescolanze di rose, di pot pourri a base di erbe e persino di miscugli di legni aromatici che esaltino il profumo della composizione floreale.

Elementi profumati montati su filo

Nei bouquet, nei mazzolini tradizionali o nei cestini di fiori si può utilizzare qualsiasi tipo di materiale aromatico. Spezzate a metà un bastoncino di cannella (qui a sinistra) o un baccello di vaniglia ed infilate al centro di entrambi un pezzo di filo metallico. Ripiegate un pezzo dello stesso filo intorno a un anice stellato e ponetevi al centro un anafalide. Ricoprite di colla una pallina di spugna da fioraio, rotolatela nei semi aromatici e infilzatela su uno stelo metallico.

Piccolo bouquet profumato

Con pochi elementi aromatici si possono creare dei bouquet profumati in miniatura: provate ad accostare spighe di lavanda, mazzolini di erbe, fiori e boccioli di rosa e fiori di matricale. Questi bouquet sono assai graziosi deposti su un tavolino, poggiati contro uno scaffale o incollati a cestini e scatole in funzione ornamentale.

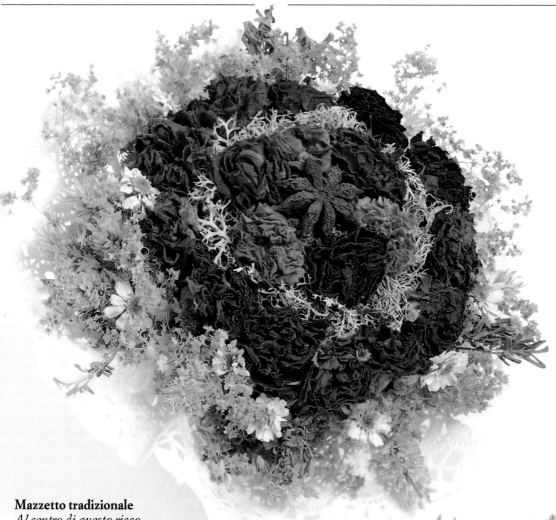

Mazzetto tradizionale

*Al centro di questo ricco
mazzetto è stato posto un
piccolo involto di pot pourri
decorato con un anice stellato,
circondato di rose rosse, di un
cerchio di licheni di color verde
polveroso, di rose rosse più
scure e infine di una coroncina
increspata di erbe miste;
questo mazzolino speciale dal
profumo di rosa è completato
da un centrino bianco
disposto intorno ai fiori.*

Mazzolino di erbe

*Il sacchettino posto al
centro di questo mazzolino
contiene un pot pourri di erbe
dall'aroma pungente; tale
centro verde è circondato da
piccole infiorescenze
arrotondate di santolina
accostate a boccioli di rose
gialle. Completano questo
insolito mazzolino fiori gialli
di achillea e statice, matricali
bianche e un bordo irregolare
di erbe ornamentali.*

Mazzolino ottocentesco
*Questo ricco mazzolino è
composto di rose di diverse
tonalità di rosa e rosso, fiori
di sambuco e olmarie,
con un sacchetto di lavanda
al centro. È una
composizione tradizionale,
circondata da una massa di
fiorellini bianchi di
anafalide.*

Mazzetto alla lavanda
*Il centro azzurro ardesia di
questo mazzetto dai colori
pastello è circondato da
statice color ametista,
boccioli di rosa dello stesso
colore e da infiorescenze
erbacee di colore verde
tenero; la ghirlanda esterna
è formata di fiori di
ptarmica e di rose rosse.*

Mazzetto campagnolo
*In questo affascinante
mazzetto di gusto un po'
antiquato, composto di fiori
rosa e azzurri, un merletto
di bistorta incornicia un
mazzolino di speronella e di*
*rose in bocciolo;
la lavanda ben si
intona con i fiori che
costituiscono questo
mazzolino, che si
potrebbe ornare
con un nastro azzurro.*

Grande cestino campagnolo
Questo delizioso cestino di rami di vite contiene una straordinaria quantità di fiori e di elementi aromatici: anici stellati sostenuti da filo metallico, bastoncini di cannella e baccelli di vaniglia si combinano con una grande varietà di fiori di giardino secchi; involti profumati di petali di rosa e pot pourri alla lavanda ne intensificano l'aroma.

Cestino giallo e arancione
La composizione contenuta in questo piccolo cestino rotondo è basata su legni, bacche e frutti: bacche essiccate, coni, fronde di conifere, scorza di agrumi e alcuni mazzolini di statice giallo intenso sono mescolati ad anici stellati, bastoncini di cannella, involti di erbe e pot pourri alla lavanda, kumquat freschi e alcune insolite pratoline brune. Alcune gocce di olio essenziale di pino applicate al centro dei coni ben si intonano al profumo fresco e boschivo di questa composizione rustica.

Cestino decorato
Il fianco di questo umile cestino (sopra) è decorato con fiori pressati, muschio e licheni che lo rendono ancora più grazioso; la composizione floreale è costituita di rose, fiori di sambuco, olmaria, fiori di carota, spighe di lavanda e altri fiori modesti. Piccoli involti di pot pourri misto, bastoncini di cannella, anice stellato e baccelli di vaniglia esaltano la fragranza.

* *Bagni balsamici* *

*I pot pourri si possono mettere in mostra nella stanza da bagno,
ove profumeranno l'aria di lavanda, rosa, pino o legno di sandalo;
oppure si possono utilizzare per aromatizzare l'acqua del bagno e le saponette.*

Profumate la stanza da bagno con pot pourri disposti in ciotole, barattoli e anche dentro piccoli cestini profumati, mentre graziose saponette per gli ospiti infilate tra foglie e fiori profumati assorbono la fragranza del pot pourri. Oppure potete preparare saponette profumate sciogliendo del sapone privo di profumo in poca acqua di fiori a cui avrete aggiunto alcune gocce del vostro olio essenziale preferito; trasferirete quindi tale mistura in una forma appropriata, dove si solidificherà.

I sacchetti profumati per l'acqua del bagno sono semplici da confezionare e deliziosi da utilizzare; per preparare le miscele adatte si può impiegare la maggior parte delle erbe aromatiche e dei fiori profumati; a pagina 84 troverete la mia ricetta favorita. Mescolate insieme tutti gli ingredienti profumati e distribuite il miscuglio in sacchettini di mussola, oppure riempite un barattolo di pot pourri e prima del bagno preparate un sacchettino.

Cestino di pot pourri
Un khas dibbis, *piccolo
cestino indiano, costituisce
un delizioso contenitore per
pot pourri e sapone, sia al
limone sia ai fiori di
campagna*

Piatto di saponette
*La tradizionale fragranza di
rosa del pot pourri
contenuto nel piatto azzurro
di ceramica ondulata si
diffonderà immediatamente
in tutta la stanza da bagno
e impregnerà le piccole
saponette rosa e azzurre per
gli ospiti.*

Barattolo di saponette
*Questo barattolo di vetro
sfumato di verde costituisce
un insolito contenitore
trasparente per il pot pourri di
fiori misti dal dolce profumo
e per i cuoricini di sapone.*

SACCHETTI DI ROSA E LAVANDA

25 g di petali di rosa intensamente profumati
25 g di foglie di geranio alla rosa
25 g di lavanda
la scorza essiccata e grattugiata di mezzo limone
15 g facoltativi di fiocchi di avena
(per ammorbidire la pelle e conferire volume agli ingredienti)

Le quantità indicate sono sufficienti alla preparazione di sei sacchettini ben imbottiti che profumano l'acqua del bagno.

Sacchetti da bagno
Nulla dà tanto sollievo ed è altrettanto delizioso quanto rilassarsi in un bagno profumato di fiori ed erbe di giardino. Rose e lavanda, camomilla, rosmarino e basilico, o una miscela dall'aroma intenso di scorza di limone e melissa sono tutti elementi adatti alla preparazione di deliziosi sacchetti per l'acqua del bagno, come pure alloro, menta, timo e foglie di geranio aromatico.
I barattoli qui illustrati sono decorati con fiori di carota pressati.

CAPITOLO TERZO

Essiccazione e miscela

Un giardino profumato dà al suo proprietario grandi soddisfazioni, ma anche una conoscenza più approfondita delle piante di cui si possono utilizzare fiori, foglie, radici e persino semi per la preparazione dei pot pourri; chiunque può coltivare piante profumate molto interessanti anche nel più piccolo dei giardini. I fiori destinati ai pot pourri vanno raccolti nel momento di massimo splendore, e il fogliame aromatico nel pieno del rigoglio.

Fiori piatti e petali e foglie singoli si prestano ad essere essiccati in piano, come pure infiorescenze ad ombrella, licheni, muschi e bacche. Molte erbe e mazzolini di fiori piccoli vengono tradizionalmente essiccati a mazzi appesi; anche le rose si possono essiccare in questo modo, tuttavia è indicato essiccare in piano i fiori aperti più belli, che serviranno come decorazione sulla sommità delle mescolanze. I pot pourri si preparano con il metodo umido o secco: i pot pourri secchi sono semplici da realizzare e, poiché hanno un aspetto gradevole, si prestano a funzioni decorative; i pot pourri umidi, al contrario, richiedono una preparazione più lunga e sono meno estetici, ma la loro fragranza ricca e persistente ripaga lo sforzo di realizzarli.

✳ *Il giardino profumato* ✳

Per quanto sia impossibile ricreare in ogni dettaglio i giardini profumati
dell'antica Persia, chiunque può coltivare piante e fiori,
anche se lo spazio a disposizione è limitato.

Piante e fiori hanno fragranze molto variate; nessun giardino si può considerare completo senza profumo, che sia leggero e floreale o intenso e speziato, fresco e simile al limone o aromatico ed erbaceo, legnoso e odoroso di terra o esotico e voluttuoso. Il profumo raggiunge il massimo dell'intensità nelle calde giornate estive, tuttavia può aleggiare nell'aria anche in una fredda giornata invernale e persino dopo una forte pioggia; condizioni atmosferiche aride e ventose disperdono molto rapidamente la fragranza di un giardino, e la maggior parte dei fiori emanano quantità minori di profumo in un'atmosfera secca.

La fragranza dei fiori profumati si diffonde in modi diversi: a volte è trasportata dalla brezza, come nel caso delle violette, della rosa muschiata e della rosa eglanteria; molti fiori intensamente profumati, al contrario, tra i quali moltissime rose, alcuni gigli, primule e lillà trattengono gelosamente il loro profumo, tanto che ci si deve curvare sui petali per scoprirlo. Per godere dell'aroma di altre piante come il timo, la melissa e la menta è necessario sfregarne le foglie, mentre fiori come l'esperide, il gelsomino estivo, alcune violacciocche, la *Nicotiana affinis* bianca e l'enotera emanano il loro profumo solo di sera o di notte. Infine, le piante che contengono cumarina rappresentano probabilmente uno dei gruppi più interessanti: esse, infatti, esalano i loro aromi solo dopo essere state raccolte ed essiccate; appartengono a questo gruppo il meliloto e la stellina odorosa.

Benché sia possibile coltivare infinite varietà di piante profumate, non si possono coltivare tutte nello stesso giardino per quanto grande esso sia, poiché le esigenze di

crescita variano considerevolmente dall'una all'altra. Per esempio: mentre molte piante aromatiche prosperano in condizioni asciutte e soleggiate, alcune di esse, come primule, menta e stellina odorosa prediligono collocazioni umide e ombrose: ovviamente piante dei due gruppi non crescerebbero tutte in modo rigoglioso se fossero affiancate. Vale tuttavia la pena di effettuare qualche esperimento, poiché, benché una pianta mediterranea amante del sole non possa prosperare in condizioni umide e ombrose, una pianta che prediliga l'ombra può adattarsi al pieno sole, purché non ci si aspetti da essa una crescita vigorosa.

Le piante profumate hanno spesso un aspetto modesto, mentre gli ibridi molto vistosi, a parte poche eccezioni, hanno poco profumo o ne sono del tutto privi;

pertanto il giardino profumato conterrà una moltitudine di specie di piante diverse, molte delle quali antiche e di aspetto semplice. Tuttavia non si può ritenere priva di interesse una pianta di povera apparenza ma dalle foglie, radici o fiori profumati. Coloro che non conoscono il giardino profumato vi troveranno ogni sorta di delizie inusitate: radici e semi profumati fino ad allora trascurati; profumi balsamici emanati da fiori, boccioli e steli, e la straordinaria per quanto effimera fragranza di alcuni fiori.

Molti fiori primaverili sono dotati di un profumo dolce e sono così delicati e attraenti che ne coltivo quanti più possibile. I più diffusi sono primule singole e doppie (non tutte profumate), violette porpora e bianche, giunchiglie profumate e narcisi (in particolare il 'Soleil d'Or' a fioritura precoce), violacciocche gialle dall'aroma speziato, giacinti, mughetti, lillà, azalee,

Alchemilla mollis, astilbe *e* Geranium procumbens *(sopra) crescono ai bordi di un cortile; sullo sfondo si intravede la* Cryptomeria japonica.
A destra: Mentha longifolia, *in primo piano, in un'aiuola di* Polygonum campanulatum, astilbe, *erbe giganti, ranuncoli doppi, epilobi bianchi.*

akebie rampicanti color porpora dall'aroma di vaniglia, *Magnolia stellata*, *Viburnum burkwoodii* e shepherdie.

Durante i mesi estivi fiorisce una profusione di fiori profumati: più importanti tra tutti sono le rose, che essiccate sono tutte attraenti e vengono largamente utilizzate nei pot pourri, soprattutto se profumate. Prima fra tutte annoveriamo la *Rosa damascena* di cui sono particolarmente interessanti le varietà 'Omar Khayam', 'Celsiana' e quelle cangianti. Tra le varietà della *Rosa alba* consiglio vivamente 'Maiden's Blush' e 'Celestial', e tra le varietà di *Rosa gallica* 'Cardinal de Richelieu', 'Tuscany' e *Rosa mundi*. Per quanto concerne la *Rosa centifolia* sono particolarmente interessanti le varietà 'Fantin-Latour', 'Tour de Malakoff', 'Gloire de Malmaison', 'Blanche Moreau' e l'amata 'William Lobb', una vecchia varietà i cui steli arcuati si protendono graziosamente in fuori.

Sovrabbondanza di profumi

Altre piante profumate che fioriscono in estate sono le erbe aromatiche di facile coltivazione, quali timo, lavanda, menta, melissa, mirride, altea e maggiorana; i fiori da giardino comprendono vecchi garofani, gigli, *Primula sikkimensis*, buddleia, alcune hosta, flox e sigillo di Salomone. Tra i rampicanti a fioritura estiva ideali per la coltivazione contro un muro consiglierei

gelsomino, caprifoglio, clematidi, *Rosa* 'Zéphirine Drouhin' e la deliziosa *Rosa* 'Veilchenblau' (la mia rosa preferita) dal profumo e dal colore di violetta. Molti fiori che profumano di sera e di notte, come l'enotera, l'esperide, alcune violacciocche e la *Nicotiana affinis* sono così prodighi di profumo che ne saturano un'intera stanza, se si lascia la finestra socchiusa.

Anche l'autunno sfoggia una grande varietà di foglie e fiori profumati, tra i quali costo, mirto ed enula campana; alcune emerocallidi a fioritura tardiva sono anch'esse profumate, come pure i crisantemi (le cui foglie, inoltre, emettono un aroma speziato e balsamico) e l'osmanthus. Pure nei mesi invernali sbocciano nei giardini fiori profumati: il loro profumo, una sorpresa sempre piacevole, è persistente e molto dolce; le foglie di *Helleborus corsicus* sono delicatamente profumate di muschio nonché ricoperte di graziose venature, tuttavia i fiori profumati più seducenti dei giardini invernali sono *Lonicera fragrantissima*, *Viburnum* × *bodnantense* e *Daphne odora*.

Nel giardino profumato si possono coltivare anche numerose piante sempreverdi: le conifere offrono una

Nelle bordure vicino allo stagno crescono bene gunnera, astranzia, melissa, crocosmia, olmaria e primule.

vasta scelta e sono sempre gradevolmente aromatiche.

Ho indicato in precedenza alcune piante annuali e biennali adatte alla coltivazione in un giardino profumato, tuttavia ve ne sono altre ugualmente interessanti: le calendule con le loro brillanti tonalità arancione, giallo e albicocca vivacizzano qualsiasi aiuola soleggiata; la reseda, uno dei fiori profumati più attraenti, cresce su qualsiasi terreno calcareo. Si possono inoltre piantare nella parte posteriore delle aiuole file tradizionali di piselli odorosi azzurri e malva dal profumo dolcissimo, mentre la verbena (*Verbena* × *hibrida*) e l'*Heliotropium peruvianum*, piante un po' antiquate, dolcemente profumate e semplici da coltivare, danno grandi soddisfazioni.

Fiori profumati per collocazioni speciali
In un giardino acquatico è indicata la coltivazione del calamo aromatico, le cui foglie emanano un aroma pungente e le radici hanno proprietà fissative; l'*Aponogeton distachyus* ha un profumo sorprendentemente dolce e speziato, simile al biancospino, mentre molte ninfee sono profumate ed estremamente decorative al centro di uno stagno coperto di vegetazione.

Molte erbe e piante aromatiche si possono coltivare in contenitori e cassette sui davanzali: lavanda, timo, menta, melissa e maggiorana prosperano in mastelli e recipienti, mentre gigli e piselli odorosi sono assai graziosi coltivati in vaso.

Un gruppo di piante che danno sicuramente grande soddisfazione e sono facilmente coltivabili in casa sui davanzali delle finestre sono i gerani odorosi: le foglie, finemente lobate, sono infatti vivacemente profumate, mentre i fiori sono del tutto insignificanti. Il fogliame, a volte simile a quello delle felci, infatti, può profumare di mela, limone, arancia, noce moscata, menta piperita, essenza di rose o di pino; il loro aroma straordinario, inoltre, è assai persistente.

Raccolta dei fiori profumati
Gli elementi vegetali aromatici si devono raccogliere quando sono perfettamente asciutti; i fiori devono essere in bocciolo o in pieno rigoglio e il fogliame deve essere lussureggiante. Non raccogliete foglie o fiori danneggiati, perché non avranno un bell'aspetto quando saranno essiccati. La maggior parte delle erbe e molti fiori si possono essiccare appesi (vedere pag.90), mentre foglie e fiori singoli sono più adatti all'essiccazione in piano (vedere pag. 93).

Tronco di sicomoro (a destra in alto) incrostato di licheni; nell'angolo in basso a sinistra, inoltre, si intravede l'Evernia prunastri dal vago profumo di violetta.

L'Acorus calamus o calamo aromatico (a destra) cresce tra l'erba, i non-ti-scordar-di-me acquatici e le calte palustri bianche in uno stagno ricoperto di vegetazione; nella preparazione dei pot pourri se ne utilizzano sia le radici sia le foglie.

∗ *Essiccazione per sospensione* ∗

*L'essiccazione degli elementi vegetali in mazzi sospesi è il modo migliore
per essiccare erbe quali la lavanda, mazzolini di fiori come l'alchemilla, fiori singoli
dalle grandi infiorescenze, quali i garofani, e foglie grandi come quelle dell'angelica.*

Raccogliete le erbe da seccare immediatamente prima che fioriscano, a meno che, naturalmente, non vogliate essiccare anche i fiori; raccogliete i fiori in bocciolo o appena aperti: un fiore completamente sbocciato non si essica mai bene. Accertartevi che al momento della raccolta gli elementi vegetali siano assolutamente asciutti: a tal fine sono particolarmente indicate le ore centrali di una giornata serena.

Qualsiasi collocazione asciutta e aerata (in una cucina calda, sopra un radiatore, in un armadietto ventilato o in soffitta) è adatta per appendervi i mazzi di elementi vegetali. Scegliete una posizione in cui erbe e fiori siano visibili: costituiranno così una decorazione sempre mutevole e voi potrete osservare l'interessante processo di essiccazione. Tendete uno o due cordini in una stanza o in un armadietto e appendetevi i mazzi: sarete sorpresi del numero di fasci di fiori o erbe che un cordino di soli 60 cm può reggere. Legate ciascun mazzo con una striscia di nylon ricavata da una calzamaglia, che vi servirà anche per appenderlo al cordino: man mano che il mazzo secca e gli steli si restringono, il nylon si contrae e mantiene il fascio compatto.

È consigliabile asportare la maggior parte delle foglie per permettere all'aria di circolare liberamente intorno agli steli e alle infiorescenze: in tal modo si riduce il rischio di formazione di muffa prima che la pianta sia secca e si accelera il processo di essiccazione. Se i fiori da essiccare sono rose, eliminate le spine dagli steli per evitare di pungervi. Non raggruppate insieme più di sei mazzolini di erbe o fiori: in tal modo il materiale secca più rapidamente e si riduce il rischio di muffa. Fate molta attenzione quando appendete i fiori, e particolarmente quelli dalle infiorescenze grandi, poiché si accartocciano facilmente durante il processo di essiccazione; tagliate gli steli a lunghezze differenti, in modo che, una volta raccolte in mazzo, le infiorescenze si trovino sfalsate.

I tempi di essiccazione di erbe e fiori variano a seconda del grado di secchezza e di aerazione dell'ambiente, nonché del loro spessore; non appendete i mazzi alla luce diretta del sole poiché nella maggior parte dei casi i colori sbiadirebbero, e ricordate che più rapidamente il materiale secca maggiore è l'intensità di colore che esso conserva.

ESSICCAZIONE DI UN MAZZO DI FIORI

1 *Scegliete una giornata di tempo bello e asciutto per cogliere i fiori; selezionate quindi i fiori in bocciolo o appena aperti, e non raccoglietene troppi, poiché appassirebbero prima che li abbiate preparati.*

2 *Eliminate le foglie dagli steli per permettere all'aria di circolare tra gli stessi; se si tratta di foglie aromatiche o particolarmente graziose lasciatene alcune che utilizzerete quando i fiori saranno secchi.*

3 *Raggruppate insieme circa sei steli, accertandovi che le infiorescenze non siano a contatto; controllate inoltre che nessuno dei petali sia piegato o sgualcito. È importante tenere le infiorescenze separate.*

4 Legate il mazzetto con una striscia
di nylon elasticizzato ritagliato da
una calzamaglia; annodate il nylon
intorno agli steli e stringete, quindi
appendete il mazzetto ad un cordino
teso nel luogo prescelto.

Ornamenti naturali
*Mazzi di erbe e fiori campagnoli
appesi ad essiccare, vale a dire (da
sinistra a destra) la melissa variegata,
l'alchemilla, l'assenzio e le enormi
foglie di enula campana, costituiscono
di per sé un interessante elemento
decorativo.*

ESSICCAZIONE DI UN MAZZO DI ROSE

Esposizione ricca di colori
Appendete le infiorescenze al cordino disponendole ad altezze diverse in modo che siano ben separate; in caso contrario seccherebbero sgualcite e contorte. Nell'illustrazione qui sopra appaiono mazzi (da sinistra a destra) di altea, menta, assenzio, speronella, fiordalisi e rose moderne e antiche.

1 *Quando essiccate le rose mediante sospensione eliminate le spine dagli steli. Per eseguire tale operazione impiegate un paio di forbici affilate oppure staccatele con le dita.*

2 *Eliminate le foglie in modo da permettere la libera circolazione dell'aria tra gli steli ed accelerare il tempo di essiccazione. (Per l'essiccazione delle foglie vedere pag. 93).*

* Essiccazione in piano *

*Se gli elementi da essiccare sono delicati o sottili, se dovete utilizzare
solo petali di fiori o se, infine, volete ottenere delle infiorescenze decorative
è consigliabile l'essiccazione in piano.*

È indicato essiccare in piano foglie e fiori fragili o fitti di petali che costituiscono importanti elementi profumati del pot pourri. Tra questi giunchiglie profumate, narcisi, iris, violette, gigli, caprifoglio e violacciocche, nonché alcune piante dalle foglie aromatiche come mirto, eucalipto, geranio odoroso e *Rosa eglanteria*.

Inoltre, io secco in piano alcuni fiori non necessariamente profumati bensì di forma molto decorativa; quasi tutte le infiorescenze singole che si impiegano a scopo ornamentale, come potentille, anemoni e rose sono più adatte all'essiccazione in piano, come pure alcuni fiori doppi decorativi, tra cui primule doppie, calta palustre, ranuncoli, garofanaie, matricale e rose doppie. Tali fiori devono essere disposti con cura in modo che secchino mantenendo il più possibile la forma originaria. Un altro importante gruppo di fiori che io amo essiccare in piano è costituito dalle delicate infiorescenze delle Ombrellifere, che aggiungono un tocco di levità al pot pourri; tra questi le bellissime infiorescenze di carota selvatica, mirride, cerfoglio selvatico e finocchio.

I petali di rosa, l'ingrediente più importante nella maggior parte dei pot pourri, si possono essiccare esclusivamente in piano; raccoglieteli quando sono assolutamente asciutti (durante le ore centrali in una giornata di bel tempo) e scegliete i petali delle rose appena aperte, vale a dire nel momento in cui profumano maggiormente. Essiccate i petali in non più di due strati e rimescolateli ogni giorno. Se i petali sono destinati a un pot pourri secco (vedere pag.96), lasciateli seccare finché non diventano friabili, per lo più per una settimana; se, invece, i petali sono destinati a un pot pourri umido (vedere pag. 98), in un paio di giorni diventeranno parzialmente secchi e un po' coriacei.

Seccate in piano anche le foglie da utilizzare a scopo ornamentale per forma o colore particolarmente interessanti; tra queste le foglie curiosamente caliciformi del *Teucrium scorodonia* e le foglie color verde foresta della *Rosa rugosa*. Naturalmente, bacche, frutti e la scorza di tutti gli agrumi devono essere essiccati in piano anziché appesi.

Per essiccare il materiale in piano riponete in una stanza calda petali, foglie o frutti deposti su vassoi da tè, fogli di carta riciclata o di giornale, mussola tesa su due pezzi di legno o graticci di legno appositamente costruiti, dotati di fessure ravvicinate. La maggior parte dei fiori e delle foglie seccano meglio rivolti verso l'alto; quando li disponete abbiate cura che i fiori decorativi, come le infiorescenze doppie, non vengano mai a contatto gli uni con gli altri, e che i petali singoli non siano ammassati in strati superiori a due, poiché non seccherebbero bene. Il tempo richiesto per l'essiccazione varia da un paio di giorni a una settimana o più, a seconda delle condizioni di essiccazione e del materiale. Terminata l'essiccazione gli elementi vegetali devono risultare friabili e caldi al tocco e i colori devono rimanere brillanti.

La rosa dai molti splendori

Nei pot pourri si possono utilizzare quasi tutte le parti della rosa: se si vuole ottenere una mescolanza dal profumo particolarmente intenso, i petali rivestiranno il ruolo più importante; fiori interi di rose profumate, inoltre, serviranno ad ornare la miscela, come pure i boccioli quasi aperti e persino le rose verdi, piccole e serrate.

Fiori di rosa ornamentali

Foglie di rosa

Petali di rosa

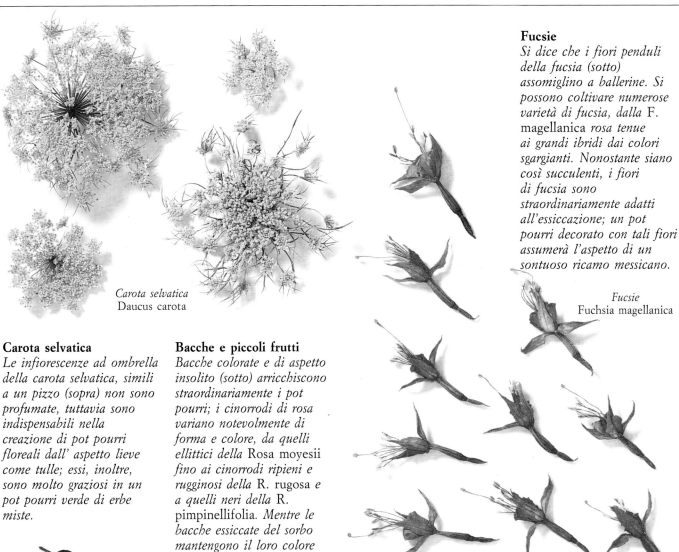

Fucsie

Si dice che i fiori penduli della fucsia (sotto) assomiglino a ballerine. Si possono coltivare numerose varietà di fucsia, dalla F. magellanica rosa tenue ai grandi ibridi dai colori sgargianti. Nonostante siano così succulenti, i fiori di fucsia sono straordinariamente adatti all'essiccazione; un pot pourri decorato con tali fiori assumerà l'aspetto di un sontuoso ricamo messicano.

Carota selvatica
Daucus carota

Fucsie
Fuchsia magellanica

Carota selvatica

Le infiorescenze ad ombrella della carota selvatica, simili a un pizzo (sopra) non sono profumate, tuttavia sono indispensabili nella creazione di pot pourri floreali dall' aspetto lieve come tulle; essi, inoltre, sono molto graziosi in un pot pourri verde di erbe miste.

Bacche e piccoli frutti

Bacche colorate e di aspetto insolito (sotto) arricchiscono straordinariamente i pot pourri; i cinorrodi di rosa variano notevolmente di forma e colore, da quelli ellittici della Rosa moyesii fino ai cinorrodi ripieni e rugginosi della R. rugosa e a quelli neri della R. pimpinellifolia. Mentre le bacche essiccate del sorbo mantengono il loro colore brillante, quelle del biancospino e del cotoneaster si scuriscono.

Cinorrodi di
Rosa pimpinellifolia

Frutti di sorbo
degli uccellatori

Frutti di
Malus floribunda

Cinorrodi di
Rosa moyesii

Frutto di
Malus purpurea

Cinorrodio di
Rosa rugosa

Anemoni

Assai adatti all'essiccazione in piano, gli anemoni (a destra) sono incantevoli come fiori ornamentali. Provate ad essiccare i graziosi fiori bianchi o quelli rosa vellutati dell'anemone giapponese, o quelli dal centro nero, assai vistosi, delle varietà 'De Caen'. Tra le varietà più robuste, gli anemoni di colore rosso e blu brillante si intonano molto bene ai legni bruni e alle pigne, nonché alle tonalità arancione, gialle e verdi degli agrumi, mentre i fragili anemoni di colore pastello si adattano meglio a mescolanze campagnole.

Anemone coronaria
'De Caen'

Anemoni
Anemone × hybrida

Teucrium scorodonia
'Crispum marginatum'

Bergamotto

Di origine americana, ma frequentemente coltivata nei nostri giardini, l'erba bergamotto dai fiori porpora (a destra) è assai popolare; molte varietà di bergamotto hanno foglie deliziosamente profumate di arancia o di menta. Anche i fiori sono fragranti, e la loro forma insolita li rende perfetti come decorazione dei pot pourri.

Erba bergamotto
Monarda didyma

Teucrium scorodonia

Le foglie della varietà 'Crispum marginatum' del Teucrium scorodonia *(sopra) mantengono bene il loro colore, mentre i bordi sono estremamente ornamentali. La pianta più direttamente affine al* Teucrium scorodonia, *vale a dire la salvia selvatica, ha foglie scure e vellutate, adatte anch'esse all'essiccazione.*

Malva arborea

I fiori di malva arborea (sotto), rosa quando sono freschi, una volta essiccati sembrano pezzetti di carta velina blu; è divertente seccare i fiori di questa famiglia, poiché non si può mai prevedere quale tonalità di blu risulterà.

Potentille arbustive
ed erbacee
Potentilla *sp.*

Potentille

Le potentille (a sinistra) sono di facile coltivazione e arricchiscono i pot pourri con la loro straordinaria varietà di colori. Disseminate di fiori gialli e arancione un voluminoso pot pourri di agrumi; guarnite un pot pourri romantico con le potentille di colore rosso intenso e infine utilizzate quelle di colore rosa fragola e dal centro nero per vivacizzare qualsiasi tipo di pot pourri.

Malva arborea
Lavatera arborea

Ortensie

Le stupende tonalità indefinite delle ortensie azzurre, rosa e crema (a destra) e il volume stesso di tali fiori li rendono indispensabili nella preparazione dei pot pourri. Il pot pourri più affascinante si ottiene probabilmente mescolando alcune erbe e foglie verde intenso a ortensie di tutte le tonalità; si può inoltre decorare tale pot pourri con ortensie spruzzate di oro o argento ed ottenere così una miscela graziosissima.

Ortensie
Hydrangea *sp.*

Preparazione dei pot pourri

Esistono due metodi di base per la preparazione dei pot pourri:
il metodo secco e il metodo umido; i pot pourri secchi sono esteticamente più attraenti,
quelli umidi hanno un profumo più intenso.

Cinque sono i gruppi di ingredienti indispensabili alla preparazione di un pot pourri secco: fiori profumati, erbe, spezie, fissativi e oli essenziali. Il primo e più importante dei cinque è il gruppo degli elementi profumati e ornamentali, costituiti da fiori, legni, cortecce o frutti (vedere pag.100-122), che definiscono il carattere generale del pot pourri. Il secondo gruppo è quello delle erbe profumate (vedere pag.102), tra le quali la lavanda è la più importante, nonché quella utilizzata con maggior frequenza; sono inoltre di impiego comune rosmarino, menta, melissa, bergamotto e timo.

Vengono quindi le spezie (vedere pag.112) dall'aroma dolce e penetrante: esse conferiscono pienezza, intensità e a volte una nota piccante al profumo complessivo. Il quarto gruppo è costituito dai fissativi (vedere pag.120), senza i quali la fragranza di un pot pourri si dissolverebbe molto rapidamente; essi, infatti, fissano (o trattengono) e assorbono i profumi di tutti gli altri ingredienti, contribuendo spesso all'aroma generale con la propria fragranza. Esistono fissativi in tutti i gruppi di elementi vegetali, tuttavia la radice di giglio fiorentino in polvere

e la resina di benzoino sono i più facilmente reperibili.

L'ultimo gruppo comprende gli oli essenziali (vedere pag.122), che possono determinare interamente l'aroma di un pot pourri, oppure semplicemente contribuirvi, a seconda di quanto profumati siano gli elementi vegetali presenti nella mescolanza.

I due metodi

Il pot pourri secco è di gran lunga il più semplice da preparare e il più diffuso, poiché è pronto non appena i materiali essiccati sono stati mescolati, per quanto poi la miscela debba maturare alcune settimane.

Il pot pourri umido richiede molto più tempo poiché sono previste due fasi di preparazione: la macerazione di una certa quantità di petali, e quindi la combinazione di tale miscela con tutti gli altri ingredienti asciutti. Il profumo di un pot pourri umido è più intenso rispetto a quello di una miscela asciutta. I pot pourri umidi, tuttavia, non sono belli da vedere, pertanto è indicato conservarli entro un barattolo o una scatola dal coperchio perforato.

PREPARAZIONE DI UN POT POURRI ASCIUTTO

1 Ponete in una ciotola le spezie macinate (2 cucchiaini di cannella in polvere e 1/2 cucchiaino di noce moscata) e il fissativo (25 g di radice di giglio fiorentino in polvere), quindi aggiungete 6 gocce di olio essenziale.

2 Mescolate con cura olio essenziale, fissativo e spezie e lavorate la mistura con le dita come se doveste amalgamare del grasso nella farina: in questo modo si fissa tutto il profumo dell'olio essenziale.

3 Ponete i restanti ingredienti secchi (1 litro di petali profumati, 50 g di erbe aromatiche miste, 25 g di lavanda, 1/2 cucchiaino di chiodi di garofano interi e 1/4 di baccello di vaniglia) in una ciotola più grande.

Olio essenziale

Ciotola
da impasto

Ciotola
piccola

Petali di fiori

Spezie e fissativi

Contenitore a tenuta d'aria

Erbe aromatiche miste
tra cui la lavanda

4 Versate la mistura di fissativo, spezie ed olio essenziale nella ciotola che contiene gli ingredienti secchi, quindi mescolate in modo che l'olio, il fissativo e le spezie siano distribuiti in modo uniforme.

5 Riponete la mistura in un contenitore a tenuta d'aria e lasciatela in un luogo al riparo dalla luce per sei settimane almeno; durante la prima settimana scuotete il contenitore tutti i giorni.

6 Dopo un minimo di sei settimane trasferite il pot pourri in una ciotola ornamentale priva di coperchio e decoratene la superficie con infiorescenze essiccate; riponete nel contenitore il materiale non usato.

PREPARAZIONE DI UN POT POURRI UMIDO

1 Ponete uno strato di 1 cm di petali di rosa parzialmente essiccati in un barattolo a tenuta d'aria, quindi spargetevi sopra una quantità di sale da cucina pari a un terzo dello spessore dei petali. Aggiungete un secondo strato di petali e premete fermamente con la mano, poi spargete un altro strato di sale.

2 Spruzzate alcune gocce di acquavite e una presa di zucchero bruno ogni due strati di petali e sale. Continuate a stratificare petali, sale, zucchero e acquavite finché il contenitore non è pieno, chiudete e lasciate macerare per due mesi. Controllate periodicamente e svuotate il liquido che si forma.

3 A macerazione terminata sbriciolate i petali di rosa incrostati in una ciotola contenente spezie, erbe, fissativi ed oli essenziali; mescolate e lasciate macerare per altre tre settimane, quindi trasferite il pot pourri in una ciotola e decoratelo, oppure ponetelo in un contenitore dotato di coperchio perforato.

Petali di rosa

Sale

Zucchero

Contenitore a chiusura ermetica

Cucchiaio

Acquavite

Ciotola da impasto

Elementi vegetali macerati

CAPITOLO QUARTO

Guida
ai profumi

Petali e fiori di rosa costituiscono gli ingredienti più importanti nella maggioranza dei pot pourri: le rose dal profumo più intenso sono le rose damascene, la *Rosa gallica* e le centifolie. Erbe di ogni genere, da quelle dall'aroma delicato e a foglia verde fino alle erbe aromatiche mediterranee a foglia grigia, hanno tutte un ruolo nella preparazione dei pot pourri, come pure i numerosi fiori di giardino profumati che mantengono la loro fragranza anche essiccati.

Nella preparazione dei pot pourri si possono persino utilizzare fiori dai colori brillanti benché privi di profumo per migliorare colore e sostanza di una miscela, così come radici e semi contribuiscono alla fragranza e all'aspetto globale della stessa. La lista di piante profumate che si possono coltivare è enorme: mentre alcune hanno solo le radici aromatiche, o i semi, altre sono profumate in ogni loro parte, mentre in altre ancora ogni parte della pianta ha una fragranza diversa.

* *Rose* *

I fiori e i petali di rosa sono gli ingredienti più importanti in molti pot pourri, ai quali conferiscono un profumo meraviglioso e una straordinaria intensità di colore. Tra le rose antiche rigogliose e dalle tonalità intense le varietà *R. damascena* e *R. centifolia* sono le più fragranti, ma tutte le rose antiche sono profumate e perfette per i pot pourri. Anche molti ibridi moderni di rosa tea hanno un profumo fresco e dolce. Altrettanto deliziosi sono i grandi petali di tali ibridi; i miei favoriti sono quelli di colore rosso scuro, poiché il loro colore e la loro consistenza vellutata arricchiscono straordinariamente i pot pourri.

Rose antiche e rose arbustive
Queste rose sontuose sono dotate di profumi caratteristici, dalla fragranza intensa della Rosa damascena *e della* R. centifolia *al profumo pungente della* 'Cecily Brunner'.

Rose moderne
*Il fascino sofisticato di
queste rose è
completamente diverso
dalla bellezza informale
delle rose antiche e di
quelle arbustive; la gamma
di colori degli ibridi di
rosa tea è vastissima, dal
magenta al giallo primula.
Tali rose, infine, sono
assai adatte all'essiccazione.*

✳ *Erbe di delicata fragranza* ✳

I graziosi fiori di questa selezione di erbe delicatamente profumate variano dai mazzolini soffici dell'olmaria alle vistose infiorescenze gialle dell'achillea; anche le foglie hanno forme, spessori e colori profondamente diversi. Sono tutte di facile coltivazione e comunemenete reperibili; ciascuna di esse, inoltre, contribuisce validamente alla formazione del pot pourri. Persino i fiori essiccati dell'umile menta sono deliziosi, mentre le sue foglie sono particolarmente utili nella creazione di pot pourri dall'aroma fresco e penetrante, cui contribuiscono sia con il colore sia con la fragranza.

Timo orticolo
Thymus × citriodorus

Salvia dei prati
Salvia pratensis
var. Tenorii

Menta verde
Mentha × spicata

Sedano
Apium
graveolens

Rosmarino variegato
Rosmarinus officinalis
'Aureus'

Menta piperita
Mentha × piperita

Dragoncello
Artemisia dracunculus

Salvia rossa
Salvia officinalis
'Purpurascens'

Basilico rosso
Ocimum basilicum
'Dark opal'

Achillea
Achillea millefolium

Achillea gialla
Achillea filipendulina

Achillea rossa
Achillea millefolium
'Cerise Queen'

Enula
Inula magnifica

Melissa variegata
Melissa officinalis
'Aurea'

Olmaria
Filipendula palmata

Olmaria
Filipendula ulmaria

Olmaria
Filipendula rubra

✳ *Erbe dalla fragranza intensa* ✳

Molte delle erbe illustrate in queste pagine provengono dalle regioni mediterranee e prediligono pertanto collocazioni calde e asciutte; soffici al tocco, hanno per lo più foglie (e occasionalmente anche fiori) profumate oltreché graziose. La lavanda, dalla fragranza caratteristica, costituisce un ingrediente tradizionale e spesso essenziale dei pot pourri, ed è adatta a quasi tutte le miscele.

Salvia tricolore

Lavanda
Lavandula angustifolia

bianca

Sclarea o moscatella
Salvia sclarea

malva

rosa

Lavanda
Lavandula stoechas

Dittamo cretico
Origanum dictamnus

Geranio odoroso variegato
Pelargonium crispum 'Variegatum'

Artemisia
Artemisia ludoviciana
'Silver Queen'

Altea
Althaea
officinalis

Mentastro
Mentha
longifolia

Perovskia
Perovskia atriplicifolia

Verbena
Verbena hastata

Artemisia
Artemisia pedemontana

❋ *Fiori di giardino* ❋

I fiori illustrati in questa e nelle seguenti tre pagine sono graziosi e di facile coltivazione; non sono tutti profumati, tuttavia ciascuno di essi contribuisce ad adornare i pot pourri. Gli accostamenti di fiori rosa, porpora e azzurri sono molto graziosi, mentre la combinazione di fiori gialli e arancioni con erbe verdi dà origine a mescolanze straordinariamente brillanti. Le speronelle, in particolare quelle azzurre, conservano bene il loro colore, mentre i fiori delicati verde limetta dell'alchemilla ravvivano qualsiasi mescolanza. Io coltivo le carote selvatiche per utilizzarne i fiori: decoro infatti molte miscele con le ombrelle essiccate di uno squisito verde tenue o rosa, simili a piccoli viluppi di pizzo.

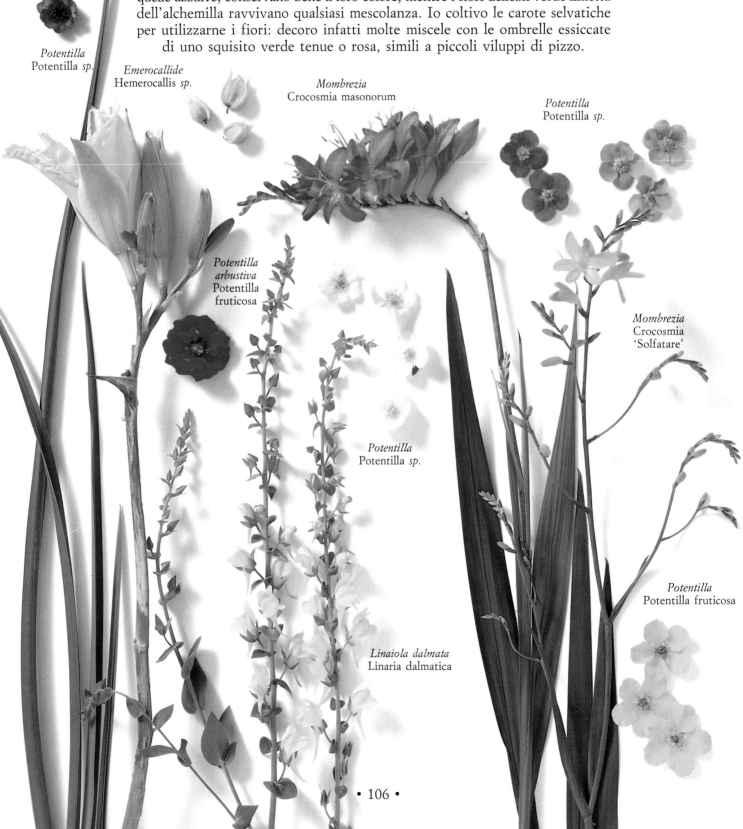

Potentilla
Potentilla *sp.*

Emerocallide
Hemerocallis *sp.*

Mombrezia
Crocosmia masonorum

Potentilla
Potentilla *sp.*

Potentilla arbustiva
Potentilla fruticosa

Mombrezia
Crocosmia 'Solfatare'

Potentilla
Potentilla *sp.*

Linaiola dalmata
Linaria dalmatica

Potentilla
Potentilla fruticosa

Potentilla
Potentilla *sp.*

Lythrum virgatum

Knautia
Knautia
macedonica

Clematide
Clematis viticella

Cosmea
Cosmos atrosanguinea

Astilbe
Astilbe chinensis

Ortensia
Hydrangea *sp.*

*Fiordalisi
orticoli*
Centaurea cyanus

Carota selvatica
Daucus carota

Fanciullaccia
Nigella damascena

Astranzia
Astrantia major

*Fiorrancio
o calendula*
Calendula officinalis

Margherita
Chrysanthemum maximum

Alchemilla
Alchemilla mollis

Speronella
Consolida ambigua

Ptarmica
Achillea
ptarmica

Cosmea
Cosmos
bipinnata

Astranzia
Astrantia major

Garofani
Dianthus *sp.*

Poligono
Polygonum
campanulatum

Nepeta
Nepeta
faassenii

✳ *Foglie aromatiche di giardino* ✳

Molte delle piante di alto valore ornamentale il cui fogliame è illustrato in queste pagine conferiscono da secoli interesse e carattere ai nostri giardini. Le loro foglie aromatiche, che siano coriacee, lucenti e sempreverdi, o soffici, aggraziate ed erbacee, arricchiscono inoltre di colore, consistenza e fragranza numerosi pot pourri. Il calamo aromatico dalle lunghe lamine fogliari appuntite offre non solo foglie, ma anche radici dall'aroma pungente, ed entrambe si utilizzano come fissativi (vedere pag.120) nei pot pourri. Le foglie increspate del *Teucrium scorodonia* essiccando formano dei piccoli viluppi delicati assai ornamentali che costituiscono un'interessante decorazione per miscele da disporre in una ciotola aperta. Infine le fronde delle conifere sono per lo più aromatiche oltreché di disegno interessante, e nel caso del ginepro sia le punte dei ramoscelli sia i frutti (vedere pag.116) sono profumati.

Pittosporo
Pittosporum tobira

*Flomide o salvia
di Gerusalemme*
Phlomis fruticosa

Mirto
Myrtus communis

Salvia rossa
Salvia coccinea

Geranio odoroso
Geranium
macrorrhizum

*Erba di
san Giovanni*
Hypericum
patulum

Mirto bastardo
Myrica gale

Olearia
Olearia *sp.*

*Erba
bergamotto*
Monarda
didyma

Felce
Matteuccia
struthiopteris

*Calamo
aromatico*
Acorus calamus

Mirto
Myrtus communis
var. Tarentina

Abrotano
Artemisia
abrotanus

Olmaria
Filipendula
vulgaris

Teucrium
scorodonia
'Crispum'

Ginepro
Juniperus
communis

Thuja *sp.*

Bibinella coltivata
Sanguisorba canadensis

* *Spezie, semi, legni, pigne e radici* *

Spezie dal profumo dolce e intenso, legni aromatici e radici dalla fragranza delicata sono elementi assai importanti nella preparazione dei pot pourri, poiché conferiscono un tono decisamente penetrante all'aroma delle miscele. La maggior parte delle ricette richiedono alcune spezie, il cui aroma può essere sottile ed elusivo o vigoroso e predominante, mentre altre comprendono legni profumati oppure aghi, gemme e punte dei ramoscelli di conifera. Calamo aromatico, geranio, mirride, angelica ed enula campana sono tutte piante dalle radici aromatiche nonché dalle foglie profumate. Infine, alcune infruttescenze ornamentali come quelle della clematide, gli amenti del salice e dell'ontano, arricchiscono esteticamente i pot pourri, come pure i deliziosi piccoli frutti del luppolo ricoperti di scaglie.

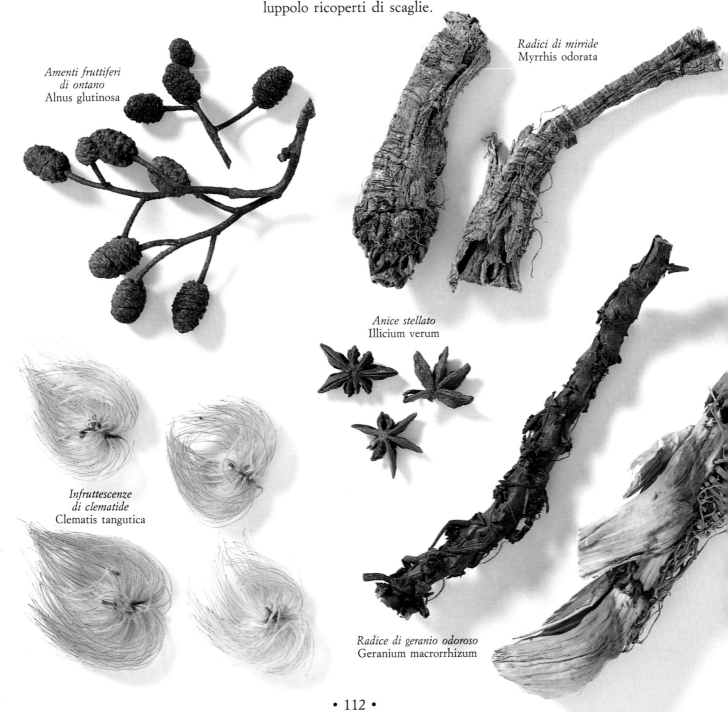

Amenti fruttiferi di ontano
Alnus glutinosa

Radici di mirride
Myrrhis odorata

Anice stellato
Illicium verum

Infruttescenze di clematide
Clematis tangutica

Radice di geranio odoroso
Geranium macrorrhizum

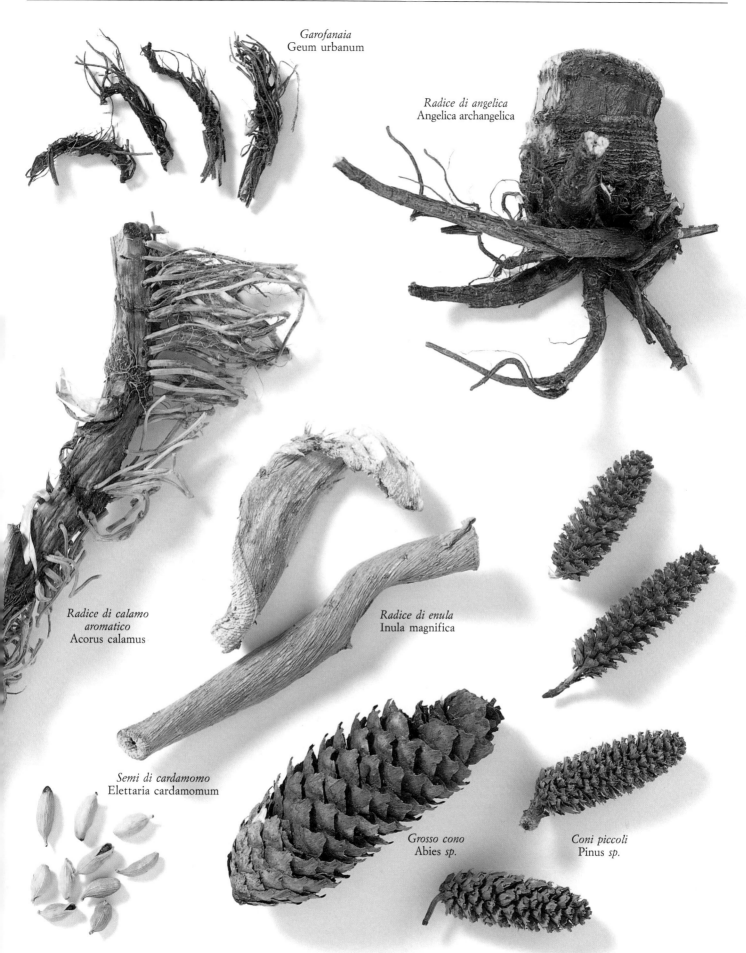

Garofanaia
Geum urbanum

Radice di angelica
Angelica archangelica

*Radice di calamo
aromatico*
Acorus calamus

Radice di enula
Inula magnifica

Semi di cardamomo
Elettaria cardamomum

Grosso cono
Abies *sp.*

Coni piccoli
Pinus *sp.*

Corteccia di cannella
Cinnamomum zeylanicum

Frammenti di legno di campeggio
Hamaetoxylon campechianum

Scagliette di quassia
Quassia amara

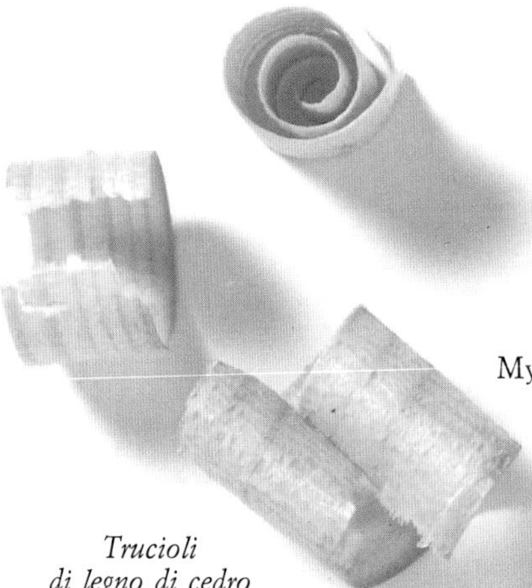

Macis
Myristica fragrans

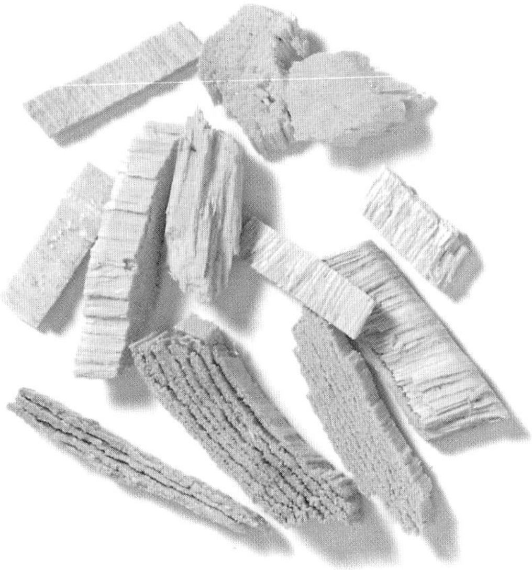

*Trucioli
di legno di cedro*
Cedrus *sp.*

Pimento
Pimenta dioica

Semi di carvi
Carum carvi

Gemme di pioppo
Populus candicans

Cedro
Cedrus *sp.*

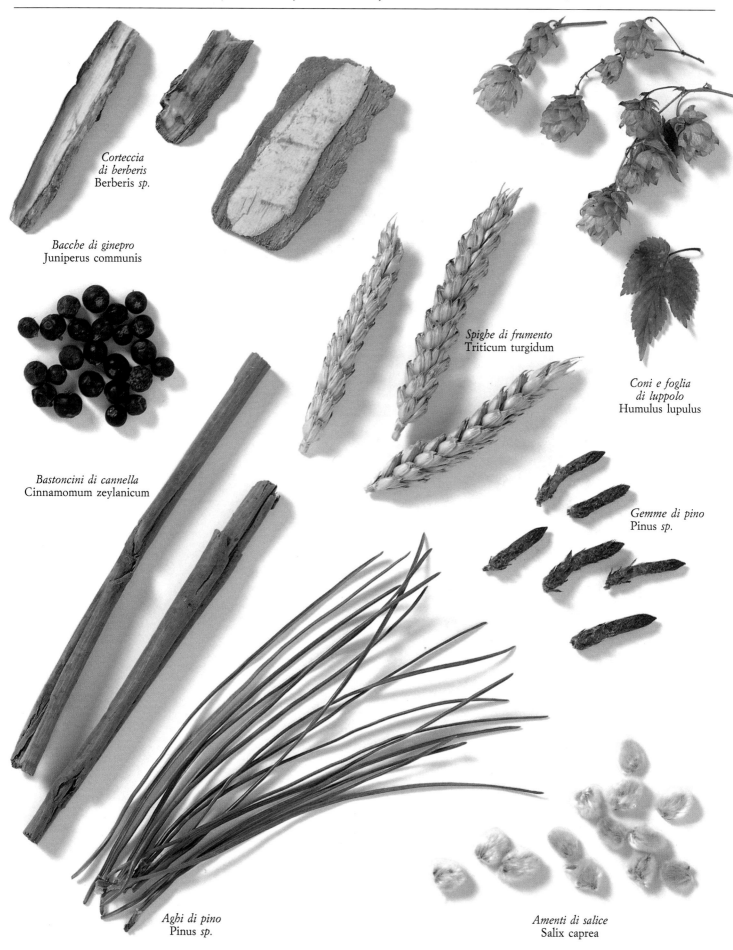

Corteccia
di berberis
Berberis *sp.*

Bacche di ginepro
Juniperus communis

Spighe di frumento
Triticum turgidum

Coni e foglia
di luppolo
Humulus lupulus

Bastoncini di cannella
Cinnamomum zeylanicum

Gemme di pino
Pinus *sp.*

Aghi di pino
Pinus *sp.*

Amenti di salice
Salix caprea

✳ *Bacche e piccoli frutti* ✳

Molte bacche autunnali costituiscono ornamenti assai decorativi per i pot pourri: i grossi cinorrodi rossi di *Rosa rugosa* essiccati lentamente si trasformano in curiosi pomi arancione avvizziti; i cinorrodi neri di rosa spinosissima come pure le bacche di prugnolo selvatico abbelliscono qualsiasi miscela, mentre i cinorrodi di *Rosa moyesii* secchi assumono uno straordinario aspetto coriaceo e corrugato di colore arancione tenue. Tutti i tipi di mele selvatiche sono adatti all'essiccazione, da quelle porpora delle dimensioni di una prugna alle meline scarlatte e lucenti. Il loro aspetto muta profondamente durante il processo di essiccazione. Le bacche del sorbo degli uccellatori sono straordinariamente adatte all'essiccazione poiché i loro colori brillanti si intensificano durante il processo. Sia il biancospino selvatico sia quello coltivato producono frutti interessanti, mentre le grosse bacche di cotoneaster accentuano le tonalità rosse autunnali: cogliete rami che contengano anche alcune bacche verdi, oltreché rosse, per dare maggior varietà di colori alle mescolanze. È necessario imparare a riconoscere le bacche prima di iniziare la raccolta, poiché ve ne sono di velenose.

Frutti di biancospino
Crataegus prunifolia

Frutti misti essiccati

Frutti di prugno selvatico
Prunus spinosa

Cinorrodi di rosa rugosa
Rosa rugosa

Cinorrodi di rosa
Rosa moyesii

*Frutti di sorbo
degli uccellatori*
Sorbus aucuparia

Frutti di cotoneaster
Cotoneaster franchetii

Frutti di biancospino
Crataegus × lavallei

*Cinorrodi di rosa
spinosissima*
Rosa pimpinellifolia

Frutti di cotoneaster
Cotoneaster × watereri

Mele selvatiche
Malus robusta

Mele selvatiche
Malus floribunda

✳ *Agrumi* ✳

La scorza degli agrumi essiccati è stata utilizzata per secoli nei pot pourri. Arance, limoni e limette sono gli agrumi più comunemente utilizzati; ve ne sono tuttavia molti altri e vale la pena di effettuare degli esperimenti per valutare quali si preferiscano. In luogo delle consuete scorze di arancia si può utilizzare quella intensamente aromatica dei mandarini, aggiungendo una nota insolita ai pot pourri. Per ottenere una miscela dalla fragranza più intensa provate le arance di Siviglia, dal profumo più penetrante tra tutti i tipi di arancia: pelate il frutto in lunghe strisce sottili o in quattro sezioni ed essiccate la scorza in piano in forno caldo. Ad essiccazione completata riducete in piccoli frammenti le strisce sottili o trituratele, a seconda dell'aspetto che desiderate conferire al pot pourri; non sminuzzate invece le sezioni, in quanto la scorza a pezzi conferisce interesse alla composizione. I colori freschi e brillanti degli agrumi verdi, arancione, gialli e color albicocca si fondono perfettamente con fiori e legni e mantengono a lungo la loro fragranza. Gli agrumi, inoltre, si possono utilizzare interi per la creazione di palline profumate dall'aroma penetrante (vedere pag.72) da appendere negli armadi e alle travi del soffitto.

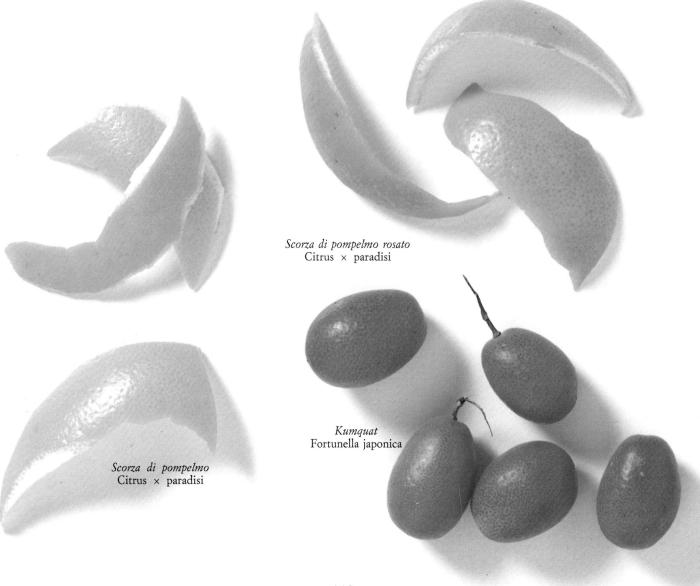

Scorza di pompelmo rosato
Citrus × paradisi

Scorza di pompelmo
Citrus × paradisi

Kumquat
Fortunella japonica

Arancia e scorza di arancia
Citrus aurantium

Limetta e scorza di limetta
Citrus aurantiifolia

Limone e scorza di limone
Citrus limonum

✳ *Fissativi aromatici* ✳

I fissativi rivestono un ruolo importante nei pot pourri, poiché assorbono e trattengono gli oli essenziali volatili che conferiscono a fiori, erbe e altri ingredienti il loro profumo: i pot pourri privi di fissativi perdono rapidamente la loro meravigliosa fragranza. Molti fissativi, inoltre, sono aromatici di per sé e pertanto arricchiscono l'aroma globale dei pot pourri oltreché conservarne la fragranza; generalmente in una miscela si richiedono almeno due fissativi.

Proprietà fissative sono caratteristiche di certe resine, di radici, semi, spezie, erbe, legni, foglie, fiori e persino licheni; le sostanze più facilmente reperibili e più comunemente utilizzate sono la radice di giglio fiorentino in polvere e la resina di benzoino; ma cannella in polvere (o bastoncini di cannella sminuzzati), chiodi di garofano e noce moscata sono fissativi altrettanto efficaci e per lo più presenti in tutte le cucine. Semi di mirride e di angelica, nonché fiori di camomilla romana sono altri fissativi coltivabili in giardino, mentre il grazioso lichene *Evernia prunastri*, dalle eccellenti proprietà fissative, cresce su alberi, steccati di legno e cancellate. Il profumo dolce e delicato dei baccelli di vaniglia e della fava tonka esaltano la fragranza delle mescolanze e ne trattengono il profumo. Tutte le sostanze illustrate in queste due pagine sono fissativi vegetali assai popolari e facilmente reperibili; ne esistono molti altri che non compaiono qui e che sono altrettanto rintracciabili: resina di mirra, galbano e ladano; radici di aralia, calamo aromatico, enula campana e geranio; muschio; olio essenziale di legno di sandalo, di cassia, di legno di cedro, di cipresso, di patchouli, di ylang-ylang, di basilico, di maggiorana e di timo; infine, foglie di stellina odorosa, meliloto, mirto, cisto, melissa e patchouli.

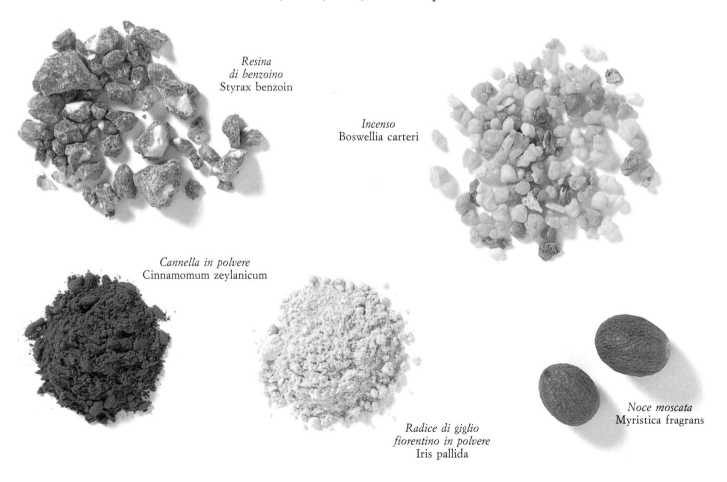

*Resina
di benzoino*
Styrax benzoin

Incenso
Boswellia carteri

Cannella in polvere
Cinnamomum zeylanicum

*Radice di giglio
fiorentino in polvere*
Iris pallida

Noce moscata
Myristica fragrans

Fiori di camomilla romana
Chamaemelum nobile 'Double'

Lichene quercino
Evernia prunastri

Chiodi di garofano
Syzygium aromaticum

Semi di mirride
Myrrhis odorata

Fava tonka
Dipteryx odorata

Semi di cumino
Cuminum cyminum

Semi di angelica
Angelica archangelica

Coriandolo
Coriandrum sativum

*Baccello
di vaniglia*
Vanilla planifolia

* Oli essenziali *

Gli oli essenziali conferiscono ai pot pourri il profumo più intenso; si può utilizzare un olio solo oppure una combinazione di oli a seconda di ciò che si ha a disposizione e del tipo di mescolanza che si desidera realizzare.

Gli oli essenziali si estraggono da fiori, foglie, radici e semi profumati: gemme di pioppo balsamico, betulla, cassia e chiodi di garofano, nonché fiori di garofano, eliotropio, caprifoglio, giacinto, gelsomino, giunchiglia, lillà, mughetto, arancio, rosa, pisello odoroso, violetta, violacciocca gialla e ylang-ylang contengono tutti oli essenziali. Tali oli si trovano inoltre nelle foglie e negli steli di cannella, patchouli, geranio e verbena, nonché nella corteccia di cassia, cedro e cannella. Oli essenziali sono contenuti altresì nei legni di cedro e di sandalo e nelle radici o nei rizomi di calamo aromatico, zenzero, giglio fiorentino, enula campana, geranio, angelica, mirride, rodiola rosea e in alcuni eringi, nonché negli agrumi, nei semi di cardamomo, cumino, finocchio, angelica, mirride, noce moscata e anice stellato e infine nelle resine di incenso, ladano, mirra e liquidambar.

L'aroma di tutti questi oli essenziali varia dal profumo intenso di agrumi alle fragranze floreali e speziate, fino agli aromi vigorosi e decisamente persistenti dei legni, di *Evernia prunastri*, patchouli, iris fino alla deliziosa vaniglia.

Separazione dei profumi

L'aria del giardino nelle calde giornate estive è satura di profumi, poiché molti fiori emettono generosamente la loro fragranza al calore del sole; altre piante diffondono nell'aria il loro profumo quando le si tocca o le si sfrega, mentre certe foglie, radici e semi non emanano i loro aromi finché non vengono schiacciati.

Per ottenere un olio essenziale da utilizzare in profumeria si deve procedere alla separazione dello stesso dagli elementi vegetali che lo contengono, seguendo uno dei tre procedimenti seguenti: spremitura, distillazione o estrazione. Nel primo caso gli elementi vegetali vengono pressati per estrarne l'olio: si tratta del metodo impiegato per ottenere gli oli essenziali degli agrumi. Nel processo di distillazione gli elementi profumati vengono posti in acqua bollente, in modo che l'olio essenziale evaporando si mescoli al vapore prodotto dall'acqua; poi, quando il vapore condensa, l'olio si separa dall'acqua e galleggia in superficie.

Estrazione degli oli essenziali

L'estrazione è basata sull'infusione degli elementi vegetali aromatici in grasso, olio o alcool. Esistono due modi per estrarre gli oli essenziali: nel primo (*enfleurage*) gli elementi vegetali profumati vengono mantenuti in infusione in olio di oliva freddo finché non cedono i loro oli fragranti a quest'ultimo, dopodiché vengono sostituiti con fiori e petali freschi. La separazione di fiori e olio avviene mediante semplice filtratura di quest'ultimo pressando contemporaneamente i fiori. Si ripete tale processo fino a che l'olio non sia saturo di profumo. Nel secondo metodo (macerazione) si riscalda l'olio per facilitare la cessione del profumo da parte degli elementi vegetali; si tiene per alcune ore il recipiente dell'olio in una pentola contenente acqua calda e si sostituiscono giornalmente gli elementi vegetali fino a completa saturazione dell'olio, come indicato in precedenza.

Gli oli essenziali che impiego più frequentemente sono quelli tradizionali di rosa e di lavanda, adatti a un gran numero di ricette; tuttavia vi consiglio vivamente la sperimentazione di oli diversi per scoprire gli accostamenti che più vi aggradano. Provate inoltre ad estrarre in casa i vostri oli essenziali mediante i due metodi dell'*enfleurage* e della macerazione, entrambi semplici da applicare.

Olio essenziale di lavanda *Incenso* *Olio essenziale di rosa* *Olio essenziale di patchouli* *Olio essenziale di bergamotto*

✳ *Conservazione dei fiori spontanei* ✳

La nostra flora è molto ricca di varietà, tuttavia i metodi di agricoltura e silvicoltura moderni, la distruzione delle siepi, il prosciugamento di paludi e acquitrini e la trasformazione dei prati in colture hanno distrutto l'habitat di molte piante indigene assai belle: l'aspetto stesso della campagna sta mutando. Dipende da noi intervenire per ovviare a questo stato di cose e alla luce di tale realtà dovremmo pensare bene prima di cogliere qualsiasi fiore selvatico.

Fortunatamente molti fiori selvatici rari sono ora protetti a termini di legge ed è proibito raccoglierli o sradicarli (vedere qui sotto). Pur rallegrandoci di tali provvedimenti, che rappresentano un inizio di intervento a tutela di quanto è rimasto, dobbiamo tuttavia esercitare grande cautela; il buon senso ci indicherà quali erbe comunemente diffuse è ammissibile raccogliere (tarassaco, margheritine, romice e numerose altre), ma anche queste, tuttavia, con moderazione. Lasciate sempre alcuni esemplari per la produzione di seme e non cogliete i fiori di una pianta isolata, né raccogliete più di quanto effettivamente necessario. Rispettiamo muschi e licheni; chi possiede un giardino cerchi di coltivare i fiori selvatici, particolarmente le specie più insolite, per incrementare la diffusione.

PRINCIPALI PIANTE PROTETTE IN ITALIA

La raccolta di piante spontanee, effettuata per secoli indiscriminatamente, ha avuto come conseguenza la rarefazione di alcune specie. Sono scomparse soprattutto le piante ricercate per la radice dalle proprietà medicinali e aromatiche, che molte volte impiegano parecchi anni a riprodursi. L'esistenza di queste piante, la cui sopravvivenza sta diventando critica, è oggi salvaguardata in Italia da leggi regionali. Dato che la distribuzione e la rarità di molte specie non è uguale su tutto il territorio nazionale, l'elenco qui fornito è soltanto indicativo e comprensivo delle piante maggiormente conosciute. Informatevi presso gli uffici dell'Assessorato all'Ambiente della vostra Regione e vi sarà dato un elenco aggiornato delle piante a protezione assoluta, che non si devono assolutamente raccogliere.

Acanto (*Acanthus mollis*)
Aconito (*Aconitum napellus* e *A. variegatum*)
Acoro (*Iris pseudo-acorus*)
Acoro vero (*Acorus calamus*)
Amello (*Aster amellus*)
Anemone (*Anemone coronaria*)
Anemone alpina (*Pulsatilla alpina*)
Antora (*Aconitum anthora*)
Aquilegia (*Aquilegia vulgaris*)
Aquilegia alpina (*Aquilegia alpina*)
Arnica (*Arnica montana*)
Asclepiade (*Gentiana asclepiadea*)
Astro (*Aster amellus* e *A. alpinus*)
Barba di Giove (*Anthyllis barba-jovis*)
Belladonna (*Atropa belladonna*)
Bismalva (*Althaea officinalis*)
Bucaneve (*Galanthus nivalis*)
Calta (*Caltha palustris*)
Campanula (*Campanula erinus* e *C. persicaefolia*)
Campanellino (*Leucojum vernum*)
Capelvenere (*Adiantum capillus-veneris*)
Carfano (*Nuphar luteum*)

Carlina (*Carlina acaulis*)
Castagna d'acqua (*Trapa natans*)
Cedronella (*Melissa officinalis*)
Caemenerio (*Epilobium dodonaei*)
Ciclamino (*Cyclamen roseum = europaeum*)
Cipressini (*Orchis papilionacea*)
Cneoro (*Daphne cneorum*)
Coda di cavallo acquatica (*Hippuris vulgaris*)
Colchico (*Colchicum autumnale*)
Colchico alpino (*Colchicum alpinum*)
Colchico di Spagna (*Bulbocodium vernum*)
Concordia (*Orchis maculata*)
Coralloriza (*Corallorhiza trifida*)
Coridalide (*Corydalis cava* e *C. solida*)
Corona imperiale (*Fritillaria imperialis*)
Cortusa (*Cortusa matthioli*)
Cotonaria (*Lychnis coronaria*)
Digitale (*Digitalis purpurea*)
Dittamo (*Dictamnus albus*)
Elleborina (*Cephalanthera ensifolia*)
Elleboro bianco (*Veratrum album*)
Emerocallide (*Hemerocallis flava* e *H. fulva*)
Epilobio (*Epilobium dodonaei*)
Erba pesce (*Salvinia natans*)
Eringio (*Eryngium alpinum*)
Fanciullaccia (*Nigella damascena*)
Felce florida (*Osmunda regalis*)
Filipendola (*Spiraea filipendula*)
Finocchiella (*Myrrhis odorata*)
Fior di stecco (*Daphne mezereum*)
Frassinella (*Dictamnus albus*)
Freddolina (*Colchicum autumnale*)
Garofano (*Dianthus caryophyllus*)
Garofano da pennacchio (*Dianthus superbus*)
Garofano selvatico (*Dianthus carthusianorum*)
Genepí (*Artemisia glacialis* e *A. genipi*)
Genziana maggiore (*Gentiana lutea*)
Genziana porporina (*Gentiana purpurea*)
Giaggiolo (*Iris florentina*)

Giglio bianco (*Lilium candidum*)
Giglio caprino (*Orchis morio*)
Giglio martagone (*Lilium martagon*)
Giglio rosso (*Lilium bulbiferum*)
Giglio turco (*Hemerocallis fulva*)
Giunchiglia (*Narcissus jonquilla*)
Giusquiamo (*Hyosciamus niger* e *H. albus*)
Gladiolo (*Gladiolus segetum* e *G. palustris*)
Impaziente (*Impatiens noli-tangere*)
Iris (*Iris germanica* e *I. graminea*)
Laureola (*Daphne laureola*)
Lavanda (*Lavandula spica*)
Limonio (*Statice limonium*)
Lunaria o monete del papa (*Lunaria annua*)
Luparia (*Trollius europaeus*)
Mammola (*Viola odorata*)
Melissa (*Melissa officinalis*)
Mezereo (*Daphne mezereum*)
Mezzettino (*Saponaria vaccaria*)
Morettina (*Nigritella nigra*)
Mughetto (*Convallaria majalis*)
Narciso (*Narcissus poëticus*)
Nido d'uccello (*Neottia nidus-avis*)
Ninfea (*Nymphaea alba*)
Non-ti-scordar-di-me (*Myosotis palustris* e *M. alpestris*)
Olivella (*Daphne laureola*)
Orecchio d'orso (*Primula auricula*)
Pan di cuculo (*Orchis militaris*)
Papavero alpino (*Papaver alpinus*)
Pennacchio (*Eriophorum scheuchzeri*)
Peonia (*Paeonia officinalis*)
Pianella della Madonna (*Cypripedium calceolus*)
Pinguicola (*Pinguicula vulgaris* e *P. alpina*)
Poligala falso-bosso (*Polygala chamaebuxus*)
Primula comune (*Primula vulgaris = P. acaulis*)
Primula odorosa (*Primula officinalis*)
Pulsatilla (*Pulsatilla vulgaris = Anemone pulsatilla*)
Rosa alpina (*Rosa alpina = R. pendulina*)

Rosa di brughiera (*Rosa gallica*)
Rosa di Natale (*Helleborus niger*)
Rosolida (*Drosera rotundifolia*)
Scopina (*Erica carnea*)
Silvia (*Anemone nemorosa*)
Soldanella (*Soldanella alpina*)
Soldinella acquatica (*Hydrocotyle vulgaris*)

Spadacciola (*Gladiolus segetum*)
Stella alpina (*Leontopodium alpinum*)
Stellina odorosa (*Asperula odorata*)
Stipa delle fate (*Stipa pennata*)
Tabacco di montagna (*Arnica montana*)
Trifoglio d'acqua (*Menyanthes trifoliata*)
Trombone (*Narcissus pseudonarcissus*)

Tulipano (*Tulipa gesneriana,
T. sylvestris* e *T. australis*)
Veronica (*Veronica alpina,
V. fruticulosa* ecc.)
Viola farfalla o di montagna
(*Viola calcarata*)
Violetta (*Viola hirta* e *V. odorata*)

FRUTTI VELENOSI

I frutti delle comuni piante da giardino e boschive elencate qui di seguito sono noti per essere velenosi sia per l'uomo sia per gli animali, pertanto non utilizzateli nei pot pourri, per quanto attraenti vi possano sembrare. Oltre alle piante qui indicate, evitate di raccogliere qualsiasi frutto di colore bianco.

Nome volgare	Nome scientifico	Nome volgare	Nome scientifico
Acacia	*Robinia pseudoacacia*	Sommaco	*Rhus vernix*
Ricino	*Ricinus communis*	Fitolacca	*Phytolacca americana*
Dulcamara	*Solanum dulcamara*	Cappello da prete	*Euonymus europaea*
Edera	*Hedera helix*	Glicine	*Wisteria* sp.
Fior di stecco	*Daphne mezereum*	Tasso	*Taxus* sp.
Maggiociondolo	*Laburnum anagyroides*		

INDIRIZZI UTILI

ITALIA

Piante aromatiche, semi e accessori

Cellarinia, via Montà 65, 14010 Cellarengo (AT), tel. 0141/935258
Alpiflora vivai, via Carcano 61, 22100 S. Giovanni Bellagio (CO), tel. 031/950158
Carmine e Raffaele Mennella, 80059 Torre del Greco (NA)
Costantino Pagano e fratelli, via Croce 26, 84081 Scafati (SA)

Le spezie e gli oli essenziali si possono acquistare in erboristeria, i fissativi in farmacia.

REGNO UNITO

Spezie, erbe secche, fissativi e oli essenziali

Pierce A. Arnold & Son Ltd, 12 Park Road, Hackbridge, Wallington, Surrey SM6 7ES (solo ingrosso)
Carley & Co, 34/36 St. Austell Street, Truro, Cornwall TR1 1SE,
Culpepper Ltd, filiali:
28 Milsom Street, Bath
24 Bridge Street, Chester
4 The Corn Exchange Buildings, Cornhill, Lincoln
21 Bruton Street, London W1X 7DA
43 Low Petergate, York

Floris, 89 Jermyn Street, London SW1 6JH
Les Senteurs, 227 Ebury Street, London SW1 8UT
Natural Choice Health Foods, 16 High Street, Falmouth, Cornwall

Piante e accessori

Cornish Herbs, Trelow Cottage, Mawgan-in-Meneage, Cornwall

Tessuti tinti a mano

The Prideaux Collection, Towan Textiles Workshop, Trevilla, Feock, Truro, Cornwall TR3 6QT (anche per posta)

* Indice *

L'autore desidera ringraziare:

Jane Laing
Jill Della Casa
Geoff Dann
Tony e Eira Hibbert
Peter Paris
Sally Compton (Cornish Herbs)
Kathy Thomas

e in particolare il marito Bob